吕梁·碛口

2019年5月24—25日，第四届古村镇大会在山西省吕梁市碛口古镇成功举办。本届大会由北京大学城市与环境学院旅游研究与规划中心、清华大学建筑学院、新浪旅游&新浪微博联合山西省文化和旅游厅、吕梁市人民政府共同主办。大会以“黄河传统 时代生活”为主题，47位来自文物保护、遗产研究与活化、城乡规划、文化旅游、建筑设计、乡村建设、民宿实践、投融资、互联网传播等领域的演讲嘉宾分别参与了主旨报告和“乡村振兴”“文旅融合”“保护与活化”等主题论坛分享，来自德国、意大利、荷兰、斯洛文尼亚及国内22个省的近800位乡建、民宿、文旅领域的代表及120多位媒体记者参加本届大会。大会发布了《中国古村镇保护与发展碛口新宣言》，揭晓了“2019网友最喜爱的十大古村镇”，举办了展示洽谈、资源对接会、乡村快闪、电影公映、参观考察等18项同期活动。

黄河传统 时代生活

第四届古村镇大会实录

第四届古村镇大会组委会 编

中国城市出版社

图书在版编目（CIP）数据

黄河传统　时代生活：第四届古村镇大会实录 / 第四届古村镇大会组委会编. —北京：中国城市出版社，2020.11

ISBN 978-7-5074-3302-9

Ⅰ. ①黄…　Ⅱ. ①第…　Ⅲ. ①乡镇—文化遗产—保护—中国—学术会议—文集　Ⅳ. ①K203-53

中国版本图书馆CIP数据核字（2020）第182616号

责任编辑：王晓迪　郑淮兵
责任校对：王　烨

黄河传统　时代生活
第四届古村镇大会实录
第四届古村镇大会组委会　编
*
中国城市出版社出版、发行（北京海淀三里河路9号）
各地新华书店、建筑书店经销
北京锋尚制版有限公司制版
北京富诚彩色印刷有限公司印刷
*
开本：850毫米×1168毫米　1/16　印张：14½　字数：206千字
2021年11月第一版　2021年11月第一次印刷
定价：128.00元

ISBN 978-7-5074-3302-9
（904289）

序

中国古村镇大会已经成功举办四次了。第一届在浙江乌镇；第二届在山东滨州；第三届在北京国家会议中心和古北水镇；第四届就到了本书记录的山西碛口古镇，并在湖北鄂州举办了闭门会议。与前三届会议都在东部沿海地区举办不同，第四届古村镇大会开到了地处黄土高原腹地、黄河峡谷水滨、山陕两省交界和晋蒙粮油故道上的吕梁市临县。正如古村镇大会一直秉持的“保护与活化”双重目标所宣传的那样，大会的主旨演讲、分论坛和考察交流，都一如既往地致力于跨学科、超部门、多行业地对传统文化保护与利用进行理论探讨，对实际问题进行问诊解决。

大家也许已经注意到，第四届古村镇大会在总宗旨之下，还专门提出了“黄河传统　时代生活”的特殊意旨，它既是对“保护与活化”的响应，更是对举办地所在区域文化和地方性的尊重以及对地方社会经济发展的倾心。实际上，黄河传统不仅深刻地体现在碛口、临县、吕梁和山陕两省，它在某种意义上也代表了悠远绵长的中原文化乃至整个中华文化。古人云“礼失而求诸野”，在碛口古镇或其附近的李家山村和西湾村，与会者们确实可以体验祭河神、赶驼队、唱信天游、跳伞头秧歌等传统文化表现形式，但如何让原来适应人工和畜力驱使、利用壶口瀑布以上黄河水道进行航运的慢节奏运输体系，以及在这一晋蒙粮油故道和山陕两省晋商贸易线路上形成的一系列传统村落集镇，成为当代年轻一代、网络居民和在线后浪群体可理解、乐参与、喜相寻的时代生活的一部分，成为被文旅投资者、经营者所认可、愿投资且有钱赚的良好项目，确实不是仅有情怀就能实现的。既有文化情怀，又把握商业逻辑，才能真正达到通过活化来实现保护的目标。中国古村镇大会主席团的几位主席，包括清华大学建筑学院的罗德胤老师与古北水镇和乌镇古镇文化度假区的操盘手陈向宏老师，都一直在为推进这一护用并举的战略和战术而不懈努力。

就在积极筹备第五届古村镇大会的过程中，突如其来的新冠疫情阻断了原计划在湖南某地举办的部署。现在看来，2020年的第五届古村镇大会最稳妥的办法是延期到2021年并选址新的省份举办。我们相信，与古村镇大会有着深厚缘分的那个地级市和其所拥有的传统村落集镇，一定会在某个省份等候着专家学者、文旅行业和投资企业的探访。作为中国古村镇大会的创会主席之一，为每一届大会选择一个很有意思的地方，同时也为承办这个会议的城市请来一大批“高颜值自带流量”的明星嘉宾，一直是我充满激情、竭力实践的兴趣和责任所在。

感谢读者有兴趣捧读这本会议实录，也更期待您成为见证下一届会议的与会者，甚至成为下一册会议实录的贡献者。

吴必虎

2020年10月26日

湖州返北京高铁车厢中

目录

碛口新宣言

我们呼吁：

一、各级政府继续加大古村镇的保护力度，并且在执行过程中始终坚守遗产保护的科学理念和基本原则，始终坚持政府在古村镇保护与发展工作中的引导作用，大力支持古村镇的基础研究工作，多方鼓励和扶持民间自发组织开展多种形式的古村镇保护与活化途径，主动规范和管控进入古村镇的社会资金。

二、多方探索古村镇在乡村振兴中所发挥的积极作用。党的十九大报告提出了乡村振兴战略，并且明确了“产业兴旺、生态宜居、乡风文明、治理有效、生活富裕”的总要求。古村镇现有文化资源和景观资源的先天优势，应该在乡村振兴的道路上扮演排头兵的角色。

三、重视古村镇的数字化工作。现存古村镇的数量庞大，历史信息极为丰富，但是它们所面临的乡村空心化、旅游过度化等方面的威胁也非常严峻。为全国古村镇建立数字化体系的工作，应该尽快进行。这些数字化资源务必尽量详细，同时应该利用互联网的优势，为全国乃至全世界的研究者所共享和使用。

四、多角度、多学科开展古村镇的价值研究。古村镇的文化价值不只体现在建筑和构筑物上，还体现在非物质文化遗产、农业、历史学、社会学、人类学、地理学、经济学、民俗学、文学、哲学、艺术等学科上，需要有不同专业的学者对古村镇进行不同角度的研究，才能充分地挖掘出它们的价值。鼓励学者们对全国和全球范围内相同或类似的古村镇，进行比较性的分析研究，以发现和凸显各自的独特价值，并将其作为保护与发展工作的出发点。

五、广泛开展古村镇价值认识和保护理念的大众普及工作，推动古村镇保护与发展的公众参与，提高古村镇在地方和民族文化认同中所发挥的作用。古村镇的价值认识和遗产保护的科学理念，已经为专业人员和部分文化人士所认识，但是仍未深入到广大普通民众中。很多古村镇只是被当作旅游消费地，在现实操作中也出现了很多与遗产保护的科学理念相违背的错误行为。我们需要有更多的专业人员与跨专业的文化学者，去研发更加有效地普及古村镇价值认识的文化产品，和更加有效地落实遗产保护科学理念的实践经验。

六、专业人士要继续提高在古村镇保护规划、修缮设计、转化利用上的专业水准。鼓励在各地开展多学科、跨行业、超部门的交流活动，强化规划设计方案的可实施性和针对性，以及应对古村镇各个利益相关方的不同诉求的包容性。古村镇的保护与发展需要将价值研究与实践探索这两大环节打通，需要多学科互动，需要跨行业合作，也需要不同部门的相互支持。此类活动如果以实际案例作为讨论对象，将会具有更好的针对性和实效性。

七、原住民是古村镇文化的重要传承载体，政府和专业人士应该鼓励并强化原住民作为古村镇保护与发展主体的地位，努力提升古村镇的宜居水平，为原住民的继续居住创造条件，包括改善社会公共服务、基础设施、公共空间、景观绿化等；也应该设法提高古村镇居民的劳动技能和生活美学素养，并且积极吸引年轻一代以多种方式回归或服务于古村镇。古村镇只有和良好的生活环境及文化氛围相融合时，才会重构出具有吸引力的生活方式。

八、深入开展与古村镇保护相关的传统建筑修缮与改造技术培训。高水平的修缮与恰如其分的改造，是创造古村镇宜居环境的重要手段。各地应培养既谙熟本地传统建造技术，又掌握适度改造技术的工匠队伍。

九、积极引导新居民在古村镇内开展文艺创作、文化创业等活动，积极探索多种形态的产业发展路径。古村镇不排斥新居民，新居民对古村镇的文化价值应该有深度认识与高度认同，相关部门应该为他们进驻古村镇创造条件。

郭旃、吴必虎、罗德胤、汉斯·杜茨、刘沛林、孙晓阳、
霍耀中、陈兴义、林祖锐、张世满、沈阳、孙小荣

发布地点：中国·碛口古镇

发布时间：2019年5月24日

开场辞

尊敬的各位领导、各位来宾、媒体朋友们：

大家上午好！

在这个草木生长的美好季节，欢迎大家参加由北京大学城市与环境学院旅游研究与规划中心、清华大学建筑学院、新浪旅游&新浪微博联合山西省文化和旅游厅、吕梁市人民政府共同主办的第四届古村镇大会，与来自德国、意大利、荷兰、斯洛文尼亚及全国22个省市的各方嘉宾，汇聚在“九曲黄河第一镇”——碛口古镇，共商中国古村镇发展大计，共享古村镇保护与活化共赢的机遇。

首先，我谨代表大会秘书处向各位领导、各位嘉宾的到来，表示热烈的欢迎；向正在收看央视新闻移动网、新浪微博、吕梁广播电视网等直播平台的网友朋友们表示诚挚的问候；向为筹备本届大会付出艰辛努力的吕梁市委市政府、临县县委县政府各级领导和工作人员表示崇高的敬意！

本届大会还得到了北京大象群、北京大地遗产公司、北京风景文创公司、清华同衡遗产七所、菜菜手机拍、翎芳魔境等有关单位的大力支持，我们在此一并表示感谢。

今年，是中华人民共和国成立70周年，也是打赢脱贫攻坚战和实施乡村振兴战略的重要历史交汇期。本届大会对标中央一号文件关于发展壮大乡村产业、拓宽农民增收渠道等具体工作要求，开设“乡村振兴、文旅融合、保护与活化”三大专题论坛，两场资源对接会以及同期活动等五大类18场理论性与实践性相融、民族性与国际化相通的精彩内容，力争实现“跨行业联动、全社会互助、多资源共享”的办会目的。

古村镇大会秘书长　李永良

第四届古村镇大会开幕式现场

嘉宾致辞

中国文物保护基金会理事长励小捷讲话

励小捷讲话

尊敬的各位嘉宾，女士们、先生们：

感谢主办方山西省吕梁市政府、临县政府，感谢北京大学城市与环境学院旅游研究与规划中心、清华大学建筑学院和新浪旅游&新浪微博邀请我参加此次大会，让我再次感受了吕梁老区人民的热情、淳朴。这次大会的主题是“黄河传统　时代生活”，办会宗旨为“跨行业联动、全社会互助、多资源共享”，我非常赞同。中国文物保护基金会的宗旨也是这样两句话，“文物保护社会参与，保护成果全民共享”。古村落的保护是中国文物保护基金会很重要的一个工作内容，2016年，在国家财政部和国家文物局的支持下，我们实施了“拯救老屋”行动，进行了三年试点。传统村落保护工作在中国城镇化、脱贫攻坚以及乡村振兴这几大国家战略的实施中，占重要位置。我觉得传统村落的保护和活化利用、传统村落的制度建设、传统村落文旅融合的发展前景可观。我有四个重要的利好因素和大家分享。

一、理论上的不断探索，为古村落保护发展的法律与制度提供了依据

中国不同于其他国家，我们的文物资源大部分乃至绝大部分是国有的。所以在文化遗产保护中，对于个人产权的东西，法律和制度的保障几乎是缺失的。然而传统村落古建筑遗产中的民居，80%以上是个人产权，这些民居建筑的损毁，不只是产权人利益的损失，也是祖国文化遗产的损失。从财产权的社会义务理论和公物理论来看，建筑作为不动产的典型形态之一，原本就涉及一定的公共利益，古建筑更附加了公

共文化属性和社会公益价值，这个价值与产权属性无关。根据《宪法》《物权法》和《文物保护法》，私人所有文物建筑保护利用的主体是所有权人，国家和政府保有依据宪法和法律法规，对个人财产所附着之公共利益行使公共管理权。也就是说，政府既承担着管理、监督的职责，也应该承担部分保护、引导的职责。这些理论探讨的成果将在今后修订法律法规和政策时发挥作用。

二、资金投入呈多元化的态势，为古村落的保护发展注入新活力

目前，住房和城乡建设部的中国传统村落补助资金基本不涉及私人产权建筑修缮，大量的私产民居仍然缺乏整体保护修缮资金。第一是经济发达地区多采取对古民居维修给予部分补贴的办法。国家放宽了县级整合项目资金的权限后，有关财政项目资金也可以用到古民居的保护修缮上。甚至发达地区的一些乡镇也形成了修缮补贴机制。第二是产权人的投入。随着保护意识和对古民居活化利用诉求的增强，农民自己投入老屋维修的积极性提高了。拯救老屋项目推进中，出现了开始让农民出钱难，后来报名交钱排不上队的现象。第三是社会资本投入。企业和个人投资精品民宿、开发旅游势头强劲，而且随着政府对基础设施和村落环境改善的投入，资本投入或许会成为传统村落保护发展的主流。

三、农村宅基地流转制度改革，为古村落有机更新带来新机遇

一方面，传统村落保护的最终目标是既要把古建筑保住，也要把村民留住，见人见物见生活。但可以肯定地说，这个过程中一部分农民会迁移至城市变为新市民，因为我国城镇化的目标就是2亿农民离开农村。另一方面，由于农村特别是传统村落拥有的宁静悠闲、清新空气、淳朴民风等对城市来说是稀缺资源，城市中也会有一些人愿意到农村修养、养老和生活，成为新村民。这是中国传统村落一个自然而然的有机更新过程。但是，传统村落的新村民、新市民的流动，受目前宅基地政策的限制。2014年12月，《关于农村土地征收、集体经营性建设用地入市、宅基地制度改革试点工作的意见》审议通过，拉开了新一轮土地制度改革的序幕。2015—2017年，国务院累计确定了33个试点县（市、

区）行政区，整体试点工作已经在2018年底结束，33个试点县（市、区）共腾退出零星、闲置的宅基地约14万户、8.4万亩；集体经营性建设用地已入市1万余宗，面积9万余亩，总额约257亿元。近日，中共中央、国务院印发的《关于建立健全城乡融合发展体制机制和政策体系的意见》指出，适度放活宅基地和农民宅基地使用权，对存量宅基地实行退出有偿。虽然是有条件地松绑农村宅基地，但这对于保护古村落、盘活闲置宅基地、促进农民增收和城镇人员投资利用农民闲置的古民居却十分有利。

四、多种活化利用的成功探索，为古村落保护发展奠定了实践基础

在政府引导下，农家乐、传统手工作坊、民宿等多种古村落活化利用形式遍地开花、自然发展，这些都是发展途径。同时，商业开发只要理念正确，无论是旅游、酒店还是电商，对于古村落的发展都是重要的推动力。在这方面，关键还是各级政府和主管部门要坚持正确的发展理念，认真贯彻“留住乡愁”的指示精神，在古村落的开发利用上，划定若干底线，同时引导鼓励诸如开发商与村集体合作经营等多种发展形式。很多村落以旅游作引，实现了村落文化、建筑的保护，传统观光旅游地如安徽的西递宏村、浙江的诸葛村，还有阮仪三基金会的遗产保护志愿者行动营，在贵州、山西都选取了古建筑开展志愿者修复活动；北京绿十字通过公益培训、统筹规划，帮助河南郝堂村等，把村落保护发展与环保教育等培训结合起来，激活乡村。这方面的案例很多，我们基金会正在筹备一个古村落活化利用优秀案例的分享交流活动，探讨多种活化利用形式，引导、促进各地古村落发展，也希望能有一些研究机构和关注传统村落保护的社会组织共同参与，来做这件事情。

目前传统村落的保护和活化利用还处于初级阶段，所以对必要的探索和实验是应该支持的。传统村落怎么保、怎么用不应该用一个标准、一把尺子来衡量，因为传统村落文物可试验的宽容度还是比较大的。所以我认为，传统村落保护也好，活化利用也好，对它的探索、利用，应该鼓励，应该支持。

最后预祝大会圆满成功，谢谢大家！

斯洛文尼亚农村发展网络副主席
葛然·索斯特致辞

葛然·索斯特（Goran Šoster）致辞

非常荣幸今天能够来参加古村镇大会。我的名字叫葛然，意思是“来自山里的人”，但我其实并不从山里来，我来自斯洛文尼亚的中部。非常高兴能够跟各位分享我们的知识和见解。

在1991年之前，还未独立的斯洛文尼亚和中国就是很好的伙伴。我相信基于我们的伙伴关系，斯洛文尼亚和中国能够更进一步深入对彼此的了解。欧洲也十分重视农村的发展，我们的政策着重于三大支柱建设，就是要建设一个可持续的欧洲、智能的欧洲以及包容的欧洲。所以我们投入很多资金去提高农村地区人们的生活水平。我们希望利用科技让村民们在市场上有竞争力，希望在可持续发展方面保护我们的文化，保护农村的文物和历史名胜，也希望能够让更多的人受惠于我们的政策，让他们都能实在地感受到这些政策的力量。

我们是怎么做到的呢？其中一个方法就是建立伙伴关系。过去七年，我们在欧洲每隔一年举办一些会议，来自欧洲各个国家的人都可以在一起讨论农村的发展，包括旅游业、农业、营销经验等。我们讨论我们面临的所有问题，然后和各国的政府、专家学者以及社会组织共同解决这些问题。保护历史文化遗产其实并不只是欧洲人的责任，也是全世界的责任，所以我们非常高兴中国也十分重视这方面的工作。希望我们能够和中国开展合作，互相学习，互相借鉴，也希望未来能够给年轻人提供更多的发展机会，让年轻人留在乡村并且能够参与文物保护工作。希望此次大会顺利举办，也希望我们可以开展愉快的合作！

古村镇大会主席吴必虎致辞

吴必虎致辞

尊敬的各位来自全国各地的领导、专家、业者、新闻媒体及广大师生：

大家上午好！

非常高兴有这样的机会跟大家一起分享第四届古村镇大会开幕的快乐。由北京大学城市与环境学院旅游研究与规划中心、清华大学建筑学院、新浪旅游&新浪微博共同举办的古村镇大会，已经分别在浙江乌镇、山东滨州和北京举办了三届，我们一直秉承着“保护与活化”这个永久的命题，持续不断地把保护和传承中国传统文化最丰富的地区、乡村地区所承载的文化——其具体的载体就是古村镇，作为我们共同的事业。

今天我们在黄河岸边的碛口古镇，围绕“黄河传统　时代生活”的主题进行交流。组委会为什么给这次大会定位这个主题？我和大家分享一下，不过这也是我们初步的想法。第一句话是“黄河传统”。最近山西省一直在推三大品牌——长城、太行山、黄河，黄河固然是山西省旅游一个重要的开发空间和重大工程之一，同时黄河流域也是中华文明的核心地区、华夏文明主要的发展地区。前不久，习总书记出席了亚洲文明对话大会，会上把亚洲文明提到了很高的高度。我们知道，中国文明和华夏文明在亚洲人当中地位非常高，而这个文明的主要核心就是黄河。所以，黄河传统意味着更大的宏观趋势，就是中华民族伟大的文化传统。第二句话就是“时代生活”。任何文化遗产都是历史上人们生产和生活的创造物，但是它的本质是生产和生活，因此自然也不能离开今天的生产和生活。所以，我们希望大会能够让古村镇变成当地居民、回乡创业的居民，以及来自全国各地、世界各地喜欢这些古村落、古村镇，能够在这些地方住下来的新居民等共同的生活舞台，能够让生活重新回到我们的古村镇，这是可持续发展的一个重要途径。

当前，全国的旅游行业正围绕着几个大的背景，第一是乡村振兴，第二是文旅融合。乡村振兴和文旅融合围绕着党的十九大提出的满足人民日益增长的美好生活需要，也就是强调发展的目标不再是GDP，而是生活质量、文化自信和生活尊严。希望通过这届大会，通过各级政府、企业、学术界还有媒体等多方力量的共同参与，能够把碛口古镇的传统文化保存好、利用好、发展好，能做到这“三好”才是真的好。我想这是在文旅融合、乡村振兴的背景下，我们把这个事情做好的初心。

我相信这次大会能有一个好的广泛交流，跨学科、超部门、多行业共同讨论这个话题，不仅是碛口，不仅是吕梁，可能是整个华北、整个中国。这次来了很多国际专家，我们希望通过这个交流平台，中国的传统文化不仅能够在中华大地发出灿烂的光辉，同时经过国际交流，我们也欢迎海内外特别是国际友人，来中国除了看北京、长安、西安、上海等城市，还要来看看中国的乡村，看看碛口古镇，这才是真正的中国。我们也希望中国的乡村能够面向世界，走向真正的时代生活。我相信通过我们大家共同的努力这些目标一定会实现，一定能够很快地实现！

谢谢大家！

领导致辞

山西省人民政府副秘书长丁纪岗致辞

丁纪岗致辞

尊敬的励小捷理事长、李正印副主席，各位领导、各位嘉宾，女士们、先生们、朋友们：

大家上午好！

在这千山滴翠、万木葱茏的美好时节，我们相聚在“九曲黄河第一镇”——山西·碛口古镇，隆重召开第四届古村镇大会，共同探索古村镇保护新模式、可持续经营发展新路径。在此，受张复明副省长委托，我谨代表山西省人民政府，向莅临大会的各位领导、嘉宾表示热烈的欢迎，向长期关心和支持山西古村镇保护、文化旅游业发展的各界朋友表示衷心的感谢。

山西素有“表里山河”之称，是中华文明的重要发祥地之一、中国革命的重要根据地之一，历史悠久，文化灿烂，人文荟萃，文化旅游资源丰富多彩，拥有国家级重点文物保护单位452处、不可移动文物53800余处，位居全国第一。

山西是北方汉民族地区古村落数量最多、风貌最完整、集聚度最高的省份，是华夏农耕文明的典型代表。截至目前，全省共有中国历史文化名镇15个，并列全国第五；中国历史文化名村96个，位列全国第一；中国传统村落279个，位列全国第四。山西不仅有独树一帜的历史人文旅游资源、丰富的红色旅游资源，也有引人入胜的绿水青山，壶口瀑布、太行山大峡谷、王莽岭、芦芽山等自然风光深受广大游客喜爱。

各位领导、各位来宾，当前，山西正在“两转”基础上奋力开创各项事业的新局面，按照山西省第五次旅游发展大会的部署，突出文旅融合主线，全面提升文化和旅游服务品质，大力加强旅游交通建设、旅游配套设施建设和旅游市场综合整治，着力构建“331”全省域文化旅游发展新格局，全力打造富有特色和魅力的文化旅游强省。

古村镇是文化旅游、乡村旅游的重要载体，是振兴乡村、改善民生的重要支撑。我相信，这次大会的成功举办，一定能够有力促进古村镇的科学保护和永续利用，有力推动山西与兄弟省市、国际知名旅游机构之间的深度交流合作。我们将坚持以习近平新时代中国特色社会主义思想为指导，全面贯彻落实党中央、国务院关于加强文物保护利用改革的决策部署，充分借鉴本次大会取得的成果，改革创新，奋发有为，努力在文旅融合、文物保护与活化、乡村振兴与县域发展等领域取得新的更大成绩。

最后，预祝本届大会圆满成功！

谢谢大家！

吕梁市人民政府市长王立伟致辞

王立伟致辞

尊敬的各位领导、各位嘉宾，同志们、朋友们:

五月的吕梁、黄河岸边，山清水秀，风景如画，在这美好的时节，来自各个领域的专家、学者，以及来自全国22个省市的800多名古村镇保护与活化各界人士，相聚在“九曲黄河第一镇”的碛口古镇，参加以“黄河传统　时代生活”为主题的第四届古村镇大会，在此我代表中共吕梁市委、市政府和300多万吕梁人民向各位领导、各位专家、各位嘉宾的到来表示热烈的欢迎和衷心的感谢!

吕梁是一座历史悠久的城市，在旧石器时代就有人类繁衍生息，留下了很多珍贵的历史文化遗产。吕梁是一座英雄的城市，是著名的革命老区，一部《吕梁英雄传》写出了红色吕梁与英雄吕梁的传奇。吕梁是一座山河多娇的城市，《人说山西好风光》，这首歌就是唱吕梁。这些年我们积极打造吕梁这个令人向往的地方的旅游品牌，重点推出了美丽的山口旅游景区，山就是武当山，口就是我们所在的碛口古镇。我们还开展了系列旅游活动，全市旅游接待人数的增长率近年来每年都超过了30%。

各位领导、各位嘉宾，今年5月9日到13日，我们在吕梁成功举办了以“从乡村出发的写作”为主题的首届吕梁文学季，来自全国的一位诺贝尔文学奖、五位茅盾文学奖、十位鲁迅文学奖得主齐聚吕梁，在吕梁开展了60多次采风活动，一场活动就在我们碛口的黄河岸边举办，著名作家莫言等都来到了现场。今天我们又在这里举办第四届古村镇大会，40多位各界专家齐聚我们吕梁，传承古村镇文明，助推乡村振兴。我们深深地记得，2004年在碛口召开国际研讨会，发表的《碛口宣言》对全国古村镇保护起到了里程碑的作用。

今天我们又齐聚碛口，发布《碛口新宣言》，我们相信这个宣言对保护和开发古村镇意义重大，并且开辟了新的时代。碛口古镇是吕梁古村镇的典型代表，与周边的西湾村，形成了具有晋商文化、黄河文化、黄土文化特色的古村镇群落，古村、古镇、古乡、古巷等融为一体，保持着原始生态，蕴含着深厚的黄河文明，孕育着丰富的黄河传统，宛如一个个世外桃源，吸引了广大文学家、书画家、摄影家、电影制片人等采风。还有一大批具有重要保护价值的古村落是古村镇保护和研究开发的重要宝库。

在保护中发展，在发展中保护。吕梁衷心地希望各位专家、各位企业家，能发挥理念性、视野化、专业化的优势，积极推动吕梁古村镇保护与发展，助力乡村文化振兴。真诚欢迎各界朋友来吕梁采风创作、观光旅游，感受大美自然风光和独特文化韵味。在这里我想向各位专家和各界朋友们，作一次另外的推荐。八月吕梁的杏花村将举办第20届比利时布鲁塞尔国际烈性酒大奖赛，这个大赛在烈酒界相当于电影界的奥斯卡，欢迎大家来。九月我们将举办第三届世界酒文化博览会，也请各位媒体朋友和各位嘉宾能够再来吕梁。

最后祝第四届古村镇大会圆满成功，祝各位领导、各位嘉宾、各界朋友，身体健康、万事如意！

谢谢大家！

中共临县县委书记张建国致欢迎辞

张建国致欢迎辞

尊敬的各位领导、各位来宾，新闻界的朋友们：

大家上午好！

在这花红似火、云舒长天的诗意季节，我们迎来了第四届古村镇大会的胜利召开。首先，我谨代表中共临县县委、临县人民政府，对第四届古村镇大会的胜利召开表示热烈的祝贺！对来自全国各地的各位领导、各位专家学者以及新闻界的朋友们，表示诚挚的欢迎！

碛口是中国历史文化名镇，是国家级风景名胜区，是人生必来的10座小城之一。碛口作为一座文明的古镇，记载着百年晋商的繁荣历史。明清至民国年间，碛口是中国北方著名的黄河商贸重镇，西接陕、甘、宁、内蒙古，东连京、津、太原，是晋商粮油古道的必经之路，被誉为“九曲黄河第一镇”“水旱码头小都会”。古镇内现存的码头、商道、货栈、客栈、票号、当铺、庙宇、民居等，承载了晋商文明的历史遗存，反映了古镇碛口的文化遗迹。驻足碛口街头、置身黄河岸边，仿佛船筏在河中穿梭，驼铃在巷间回荡。碛口作为一座活着的古镇，守护着华夏儿女的乡愁记忆。至今保留着质朴原始的黄河流域农耕生活形态，酣畅淋漓的伞头秧歌、明快热烈的道情戏、热情豪放的大唢呐、直白厚重的三弦书，传统纯正，雅俗共赏，传承着记忆，承载着乡愁，被誉为“活着的历史”。作为一座红色的古镇，见证着中国革命战争的历史转折。1948年3月，毛主席率领中央机关从陕北东渡黄河，在碛口登岸，实现了从战略大转折到大反攻，踏出了一条胜利之路。中央后方工作委员会、陕甘宁边区政府、中共中央西北局曾在碛口一带长期驻扎，为党中央领导全国解放战争提供了后方保证、作出了巨大贡献。作为一座艺术的古镇，承载着建筑学家的历史印记。黄河水旱码头“立体交融式”的商贸建筑，晋商特色的院落建筑，依山就势的层叠院落，体现了人与自然、人与山水的完美和谐，被著名画家吴冠中视为一生的三大发现之一。水蚀浮雕百里画廊，晋陕峡谷自然奇观，是世界罕见的地质遗迹，拥有上亿年的历史印记。文物界泰斗谢辰生题词“碛口古镇、国之瑰宝”。

习近平总书记强调“建设美丽乡村不是‘涂脂抹粉’，特别要保护好古村落”。第四届古村镇大会围绕“黄河传统　时代生活”主题，设乡村振兴、文旅融合、保护与活化三大专题，邀请文化旅游、遗产研究、建筑设计、古村镇保护与活化等领域的专家学者、业界顶级领袖，共聚黄河岸边，为碛口古镇保护与活化把脉、定位。本届大会坚持“跨行业联动、全社会互助、多资源共享”的宗旨与定位，把握高端、贴近需求，整合更多优质资源，必将为碛口古镇保护与活化注入新理念、新共识、新力量，必将对碛口保护与开发、推进文旅融合发展起到重要的推动作用。

真诚希望各级领导、各界人士能够以此次古村镇大会为契机，发挥行业优势、品牌影响，一如既往地关心、支持碛口古镇的保护与开发，助力碛口全域旅游的发展和跨越。祝第四届古村镇大会取得圆满成功！祝各位领导、各位嘉宾、新闻界的朋友们，身体健康、工作愉快、家庭幸福、万事如意！

谢谢大家！

大会特邀嘉宾

原文化部党组成员、副部长，国家文物局原局长、党组书记，中国文物保护基金会理事长 励小捷

住房城乡建设部村镇建设司原司长，中国城镇化促进会城市与乡村统筹发展专业委员会主任 李兵弟

山西省人民政府副秘书长 丁纪岗

山西省文物局副局长 程书林

中国文物学会世界遗产研究会会长 郭旃

意大利特威森旅游公司创始人 弗朗切斯科 · 雷迪

荷兰海牙城市推广局中国市场营销主管 汉斯 · 杜茨

斯洛文尼亚农村发展网络副主席 葛然 · 索斯特

Five More Minutes 公司联合创始人和 CEO 斯特凡 · 哈柯兰德

以及来自文物保护、遗产研究与活化、城乡规划、文化旅游、建筑设计、乡村建设、民宿实践、投融资、互联网传播等各方领域的 46 位演讲嘉宾，还有山西省林草局、山西省文旅集团的领导。

大会主承办单位领导

大会主席、北京大学城市与环境学院旅游研究与规划中心主任、教授 吴必虎

大会执行主席、清华大学建筑学院副教授 罗德胤

新浪微博政务运营总经理 李峥嵘

山西省政协副主席、吕梁市委书记 李正印

吕梁市人民政府市长 王立伟

山西省文化和旅游厅副厅长 李贵

参加开幕式的各兄弟省市县领导

中共湖北省鄂州市委常委、宣传部部长	古新功
湖北省咸宁市文化和旅游局局长	陈风光
中共河南省焦作市修武县委常委	吴利年
河南省浚县人民政府副县长	裴顺昌
河南省西华县人民政府副县长	郭继红
福建省永泰县人大常委会副主任	罗智林

东道主领导

吕梁市人大副主任	梁来茂
吕梁市人大常委会副主任、中共临县县委书记	张建国
吕梁市人民政府副市长	李俊平
吕梁市政协副主席	闫广聪
临县人民政府县长	李双会

吕梁市委宣传部、市文旅局、市住房城乡建设局等市直有关部门负责同志、临县四大班子领导和乡镇县直单位。

其他单位

来自北京、湖北、山东、河南、广东、福建、浙江等 22 个省市县职能部门的领导，北京大学、浙江大学、香港中文大学、中国美院等 23 所高校的学生代表，以及新华社、中新社、人民网、中国人民广播电台、光明网、中国经济网、山西广播电视台、吕梁广播电视台、山西新闻网等全国近 50 家媒体记者等，近 800 位来宾参加本届大会。

2019年网友最喜爱的十大古村镇颁奖

2019年网友最喜爱的十大古村镇颁奖仪式

2019年网友最喜爱的十大古村镇的评选历时37天，90个古村镇参与角逐，170万网民参与投票，8位专家评审参与评分，共有10个古村镇入选。

获奖古镇为乌镇、丽江古城、西塘古镇、宏村、碛口古镇、黄姚古镇、凤凰古城、西江千户苗寨、周庄、婺源篁岭。

由中国文物保护基金会理事长励小捷、中国城镇化促进会城市与乡村统筹发展专业委员会主任李兵弟、古村镇大会主席吴必虎、古村镇大会执行主席罗德胤、新浪微博政务运营总经理李峥嵘为十大古村镇获奖单位颁奖。

2019年网友最喜爱的十大古村镇

注沙启动仪式

注沙启动仪式现场

中国文物保护基金会理事长励小捷，古村镇大会主席吴必虎，中国城镇化促进会城市与乡村统筹发展专业委员会主任李兵弟，古村镇大会执行主席罗德胤，山西省政协副主席、吕梁市委书记李正印，吕梁市人民政府市长王立伟，山西省人民政府副秘书长丁纪岗，山西省文化和旅游厅副厅长李贵，临县县委书记张建国，临县人民政府县长李双会共同为大会开幕注沙。

山西省政协副主席、吕梁市委书记李正印宣布大会开幕。

李正印宣布大会开幕

古村鎮大會
Conference on Historic Villages

一 主旨报告

1

探寻古村镇保护与演进的哲理

——为什么保护，保护什么，谁要保护？

郭旃作主旨报告

郭旃
中国文物学会世界遗产研究会会长

刚来参会的时候看到有项目资源对接会，好像乡村振兴、乡村旅游的色彩很浓，而我要讲的是遗产保护，这让我内心有点惶恐。昨天在《碛口新宣言》讨论会上，来自河南的陈兴义教授提到我们这个活动及古村镇保护的进程，特别强调生态保护、文化遗产保护，我们正处在倡导文化遗产活起来的大背景下，这给了我信心。

今天我想与大家一起探讨理念方面的问题。关于乡村如何振兴，文旅结合如何搞，遗产保护怎么做，以及乡村旅游如何开展，乡村振兴怎么做，在场的很多大师是行家，我只作一些理论方面的探索。

我们的同行中存在这样一个悲观的说法：过去我们对文化遗产保护、生态保护等方面重视不够，且对现代化和城市化有一些误解，导致城市发展在一定程度上隔断了我们的文脉，有的城市丧失了自己的历史特点和文脉，有人形容生活在那里的人们有点像孤魂野鬼，所以大家把眼光投向了更广阔的农村，认为农村还有很大的希望。现在我们要考虑为什么要提乡村保护？保护什么？谁要保护？请谁来保护？乡村/村镇的内涵、特点是什么，和城市有什么不同?

作为一个曾经在草原牧区生活过且来自农村的城市人，在我心目中，乡村一直是非常可爱的，与城市相比，乡村的空气好、生态好、风光好、人淳朴，等等。如果有一天农村的社会公共服务、基础设施能达到城市的水平，那城里人想获得一个乡村居住证，去乡村居住就不容易了，我相信早晚有一天这种场景会实现。在经济发达的国家，他们的农村更适宜居住，而且居住条件不亚于城市。

现在的乡村有落后的一面，比如给排水、交通设施、垃圾处理等有诸多不便，医疗、教育等社会公共服务、基础设施都有待提升和改变。此外，乡村发展还缺钱和人才。无论城市还是乡村，在我们身边或出去旅游所见到的场景，人类文明的进程无外乎两大主线：第一条是大自然，包括环境的生成、塑造、养育、支撑、供养和保障效应，制约、限定、束缚，客观规律、合理容量和程度等。环境既生成、促进和保障了我们人类社会，同时也带给我们很多客观存在的制约条件。这些条件自身也在变化，比如全球变暖、气候变化。曾经有外国同行对自然对人类社会进程的作用，用了一个典型的词，叫shaped。第二条是人类历史的沿革和文脉，主要是人的创造、精神、力量、智慧和奋斗，社会的动荡和变迁，对大自然的顺应、利用和挑战，用英语来表达就是adaptation & creation。

下面我们看一些具体的案例。

海南昌江黎族，是在特定气候条件下形成的特殊村落。

世界遗产哈尼梯田，当地有很多村寨，与像大地雕刻一般的梯田共同形成整体的文化景观，是在特定的山域地区、特定的气候条件下，哈尼族和当地其他民族共同创造的一种文化景观。

丽江古城，远处是玉龙雪山，它们在一个泉水体系下，沿着泉水的流淌，对水资源进行充分利用，具有自己的特色。当地的纳西族同胞创造了丰富多彩的非物质文化遗产和水乡古镇，创造了与苏州等南方地区古镇不一样的独特生活形态。

开平碉楼，在亚热带的临海地区，土地非常稀少，于是大量当地人到海外去，形成了侨乡文化，把国外的建筑特色带回家乡，形成一种特殊的文化景观，这样的村寨和碉楼如今已成功地申报了世界文化遗产。

福建土楼，在丘陵地带利用生土资源建造，是在中华民族几次大迁徙的背景下，在当地的社会安全状态、社会形态、社会架构的大环境下，形成的家族式聚居、集居住和防御于一体的建筑，同时也创造了一种独特的生活方式。

景迈山茶林，这里粗的茶树一般都有上百年的历史，原始的茶就在这里，这里发展出了最古老、最悠久的茶林的生态模式，所以村寨结合当地的民族风俗，具有自己的特色。

红旗渠，也在申遗。我们在看红旗渠人类艰苦、伟大创造的时候，还会发现在太行山深处的石板房村落独具一格。这里风景很美，但游客看几天就会打道回府，而当地居民在那儿居住、生活，并创造了美。当时去参观时，国际同行一片赞叹，他们认为当地居民在这种环境下创造了美，代表着人类的一种精神、一种耐受力、一种不屈不挠的毅力。当时有同行建议要主动向世界推荐这个遗产，可以紧急列为遗产，可惜当地因为一些原因撤回了这个项目。

伊朗的坎儿井，也是大自然和人类创造共同发力、相互作用产生的。我们一直以为吐鲁番的坎儿井是我们的独创，现在看来依托着大山，在沙漠高蒸发的环境下，怎么样取水，怎么样利用水，并在此基础上发展出这种绿洲文化，在中亚、在我国新疆，是一个完整的体系，谁先谁后我们先不去讨论，但从中可以看到大自然和人的共同作用。

韩国的河回村，是韩国人民在河流拐弯处、迂回处创造的一个民族村寨。

这些村寨所体现的是天人互动、相互作用和不同族群的人类文明、文化的源起，哪些是尽可能要保存和延续的物质文化载体，哪些是在这些物质文化载体下形成的传统，是我们需要特别关注的。有关专家和政府应该高瞻远瞩，能够在全球范围，起码在本区域范围对比研究的框架下，认识到这些村寨的特殊地位和特殊价值。同时，这些特色和特殊的价值一定要让当地的原住民了解、知道。例如，在开平碉楼申遗的时候，村镇领导给当地的老百姓宣传保护的知识。老乡刚开始不理解，说：旅游是什么？在他们的印象里旅游就是出去看猴，如果他们的村寨申报成了世界遗产，他们保持着当地的生活方式，他们会觉得游客看他们像是在看“猴子”。但是当他们意识到他们所创造的这些建筑、这种村寨的形态是数千万流落在海外的侨民心之所系、乡愁所在的时候，每个人都心悦诚服地加入古村落保护的行列，而且这种保护一定要原原本本地交给原住民。

如果想保持我们村镇的活力，光讲大道理是不行的，一定要把我们这种生活的现代化让当地的原住民享受到，这是他们的权利，也是发展的必然。然后在对比研究中准确界定村镇的特色，不能吹牛，也不能妄自菲薄，而是要秉持保护与发展的投资理念。因为完全讲保护，什么都不让干，只要硬着头皮就行了。我们今天的主题是古村镇，我们是有文化传承的，是有文脉的，这个文化传承当中有物质的因素，有非物质的内涵，也有保护发展的需要。所以，在发展中既要考虑保护，又要在保护的前提下实现基础设施的现代化，实现社会服务的现代化，这是很需要动脑筋的事情，这也是大家聚集在这里的目的。

村镇保护不是简单地由某个简单的文物保护单位保护，虽然文物保护单位现在也吸收了很多动态文化。村镇是一个活的，仍然在生存着的一个群体，既要保护，也要发展，所以我们叫统筹保护，物质遗产和非物质文化遗产是并存的，不能只强调一方面，忽略另一方面，不能拿非物质文化遗产的保护特点和途径取代有形文化遗产。任何一个村寨，一定要有真实历史物质存在，这些真实历史物质一旦消失，永远不可能回来，无论造得多像，仍然是今天的作品，不是历史原物的再现。所以统筹保护和发展是很费脑筋的。

乡村保护有一个很大的优势。人类有天然的演进路线，对于大自然怎么塑造我们，人类是怎么适应和改造自然的，可以总结出很多哲理。但是在不同的自然、地理、环境、气候条件及其变化下，不同族群必然有不同的创造，每个村寨都有自己印证人类文明发展进程和自然演变过程的独特之处，所以每个村寨都有机遇，都有机会。

因为我的实际工作经验不多，我给自己加了个“妄议”，这个案例是哪里大家一看就很清楚。

如果要面对这样一个案例，我首先要考虑的是这种天人互动的演变进程，在黄河之滨、黄土高原，在山岳或丘陵地势地貌下，处于内陆腹地，四季分明，人类在这样的条件下创造了什么样的历史？有哪些独特的物质体现和非物质习俗、文化？它的物质要素是什么？组合架构如何勾勒？首先，勾勒出村落的样子，给人的个体和整体形象是什么样子，这是我们需要界定的。其次，看这个村寨对当代和未来有哪些记忆、纪念、欣赏和借鉴的意义，从而界定它的价值。在全国乃至全世界的生土建筑中，它有没有独特性和价值？在区内同类人居现象中，它居于什么地位？此外，保存状况和居民意愿方面的对比结论，也是要考虑的一个维度。

我想，最需要做的不是那些多么高大上、华丽、震人心魄的东西。首先，对我们刚才总结出来的最朴素、最艰苦、最细致、最需要准确和精确把握的东西进行拍摄、建档，包括数字化。其次，根据它们的特色和价值给出对前景的预测和不同选择下的不同效应。一个村寨，如果我们不能给出一个准确的界定，也不能给出一个光明的前景，那就无法吸引游客，也无法发展，更激活不了保护的热情。最后，要有实际的保护方案和设计，基于整体架构和形象、内涵的关联性协调整治方案和设计。

关于社会公共服务和基础设施的提升，要综合讲保护和发展，是老革命遇到新问题，可能是保护的人遇到新问题，发展的人也会遇到新问题。争取经费和政策支持，对建议的出路、方案和可行性进行梳理、设计。测算可供选择的合理容量，无论是常住民，访客、游客，还是旅游设施。

要形成有法律地位的规划和愿景，落实到设计。一个具体的村寨如何做，我想应该是专业团队在当地政府、原住民的赞许和支持下，在尽可能宽阔和深刻的对比研究中进行并完成。

有些遗产是不可能永久保存的，有些传统是需要用新的形式来体现的。我们会发现一些有形遗产无形化、传统生活表演化、建筑特征符号化和历史体验模拟化的状况，这是不可避免的，有的是合理的，有的可能是不合理的，我们要进行区分。例如，坦桑尼亚的一处遗产地，通过与当地原住民交流，得知他们已经在不影响景观的地方建了现代化的设施，现在基本上表演化了。日本有些建筑，十几或二十年可能就会重建，但是会尽可能保留它的结构。我们的哈尼梯田也是这样，我想保护不是说我们在城里吃够了山珍海味，还要让当地的居民在那样的房间里受烟熏火燎，不是这样，一定要寻找一条协调发展的道路。可能现在没几个汉子会套马了，可能他们现在都骑摩托车了，但传统还是要有模拟和展现的。

乡村旅游的可持续、耐力、深度，离不开文化遗产的真实性和可读性。我们还是要重视对真实的遗存的保护。山西的乡村文化、民俗大院等给我们提供了非常生动和卓有成效的经验，但是我感觉建档工作还比较薄弱，对比分析大框架下的生动解读系统性不足，展示中的真实性理念欠缺，环境质量差，这些可能都是隐患。

大家对维修之后真实性的丧失会有些反感。专家团队的责任、政府的责任和原住民的权益，以及原住民的主体作用，都是我们要关注的。我还想强调个体和整体的关系，任何一个村寨、任何一个村民，都有个体的权利，但是要形成一个共同的概念，例如建筑的外立面是公共的，建筑的材料、体量、色泽、高度等，要和整体景观相协调，个体是要服从整体的，这是人类社会的一个基本规则。

所以，我想，哲理是概括的、理论的，客观实际是多样的、复杂的和动态的，实践也是无限多彩、充满悬念和可选择的，这也是令我们大家聚集在这里、令人兴奋的亮点之一。

关于文化遗产保护工程，陈志华先生有一个百分论，他说《威尼斯宪章》能够做到70分、80分就很不错了，但是作为一个坚守职业操守的专业工作者，作为祖先遗产的继承者和管理者，起码要做到60分吧，起码要及格。与大家共勉！

2

与历史对话，为未来留史

——中国传统乡村景观的保护与利用

吴必虎作主旨报告

吴必虎
北京大学城市与环境学院旅游研究与规划中心主任、教授我讲的题目是关于遗产活化过程当中会碰到的一些问题，包括乡村的遗产如何实现习近平总书记提出来的“两山理论”。“两山”一定是“两个山”，一个是绿水青山，一个是金山银山，不能只讲“一个山”。过去做遗产保护的人可能就讲绿水青山，搞生态环境的人也讲绿水青山，但是怎么变成金山银山，这些专家不太考虑，这样不能完全实现对“两山理论”的全面理解。

另外，讲传统村落的保护与活化，“保护”与“活化”这两个词一定要放在一块儿讲。过去的《文物保护法》主要讲保护。不讲利用就很难讲保护，现在《文物保护法》也在修改，专门加了一章讲保护利用，这也是响应总书记讲的“要让文物说话”。那么文物能不能说话？说什么话？文物说话的时候，老百姓能不能听懂？这就会碰到很多问题。

我的题目是与历史对话，使文物让老百姓看得到、看得懂，能够响应当地社会发展的综合目标。同时我也注意到一个问题，中国的文化遗产和意大利、英国这些欧洲国家的文化遗产有很大的不同，西方的文化遗产很多是石头建的。这次我很高兴地看到碛口古镇基本是石头做的，都能保存很久，但是像哈尼梯田那些地方，很多乡村景观、乡村田园风光是在很落后的情况下盖的草房子。我读小学的时候在江苏盐城阜宁县，上课的教室基本都是土坯房子、茅草屋，几年之后就需要重新盖。现在城市的人看到茅草屋很好看，但是让农民继续住茅草屋是不公平的。我今天讲的大部分是重新利用和要为未来留下遗产，所以题目的第二句话叫“为未来留史”。

所谓文化遗产，皆为历史建设结晶

我们斥巨资保护的遗产是过去建设的结果，而不是保护的结果，保护是建立在过去的基础上的。今天不讲公共建筑，只讲私人建筑，古代的私人建筑现在变成遗产了。比如孔府，它是政府支持给钱，历代不停地建设。平遥古城除了城墙是政府建的，里面的房子都是晋商自己建的。新的文化遗产都是过去私有化体制下，几代人投巨资形成的。

比如西递，它是皖南商人自行建设的。还有开平碉楼。碉楼是怎么来的？是海外华侨汇款回故乡建设而成的。土楼也是这样，是客家人一个家族、一个村子慢慢建起来的。作为新晋世界文化遗产，鼓浪屿是海外华侨做生意、老百姓自己建的房子。过去富人的房子全部收为国有分给穷人，鼓浪屿有了退给私人的途径，所以才能形成人居环境的世界遗产。哈尼梯田、丽江古城、茶马古道也都是商人建设的结果。

重建、再建、创建，皆为保护之选，当容现代生活

建设是文化遗产存续主要的动力，而不是保护，这个观点文物局的同志听起来好像是不合情理，但是从源头上来讲文化遗产存续一定来自于建设。重建讲求客观主义原真性，要一模一样。现在我们动不动就讲修旧如旧，这容易变成教条主义，有些根本做不到。再建是基本轮廓和主题风格可考，不必原材料原工艺，讲求建构主义原真性。还有一种情况是什么也没有，但是想表达这地方的传统文化，这叫创建。创建是基于原址，呼应历史，更新功能，讲求恋地主义原真性。遗产来自于建设，而不是来自于保护，头功是建设，末功是保护。

商业并非道德缺陷，而是遗产建设的主要动力

关于商业的问题，很多时候我们讲来了大量的游客，把传统安静的乡村生活破坏了，商业化了，好像商业负有原罪。我要告诉大家，商业是创造文明、创造历史文化遗产的一个主要动力。我举几个例子，比如晋商、徽商；比如为什么有碛口古镇？碛口古镇不是当地老百姓种地种出来的，而是商人干出来的，如果没有大量的水运、商运，哪里有碛口古镇？从这个角度上说，商人是历史文化遗产的主要创造者，商人在全球的运动形成了丝绸之路，没有商人哪里有丝绸之路？大家知道，马可·波罗也是商人，他在游记里面讲了很多沿途的故事。

我们今天讲“一带一路”，如果没有商业活动，光搞文化交流有用吗？敦煌石窟为什么有那么多佛教的东西，那是因为沿途商人很多，传播了佛教文化。丝绸之路上，大家今天看到的是文化，我看到的是商业，是商业给文化创造了机会。海上丝绸之路也一样，主要都是靠商业

碛口古镇
杨昶/摄

活动发展起来的，而不是靠军事行动、政治行动。海上丝绸之路是中国古代海上商业的主要途径，大家可以发现，闽南人通过海上丝绸之路，把人口也分散出去了。中国有一段时间倭寇很多，但是民间的海上贸易冒着风险也在继续开展，所以商业的生命力非常强。再比如大运河，我就不细说了，除了官方，还有大量民船在做生意。

万里茶道是什么？就是做生意，万里茶道就是商业活动，现在留下很多商号、海关、集镇、古道、码头等。同样，茶马古道是干什么的？今天看到的一些旅游目的地，全是古代茶马古道做生意的结果。所以不要老是蔑视商业，说商业破坏了文化，恰恰相反，是商业创造了文化。

欲致文化传承，必至乡村寻根

乡村振兴，我们振兴什么？怎么振兴？60%的人进城了，还有15%的人准备进城，只有20%到30%的人在村子里面，所以我们没有必要那么大规模振兴乡村，恰恰相反，是进城的人想到村子里休闲度假，这就是为什么我们在发达城市看到了一些逆城市化现象。

乡村的文化价值在于城市已经没有传统文化了，乡村还有保留。孔子说“礼失而求诸野”，所以中国的乡村保留传统文化是一个非常重要的乡村城市化过程，也就是为什么有一部分城市居民要到农村住。

乡村振兴要换一个途径，乡村遗产活化不仅仅是为了搞旅游，用来赚钱，而是对文化价值、生态价值的保留，是为旅游者提供一种生活方式。中国的入境旅游，前几年有下滑，现在又有回升。外国人到中国看什么？我认为更应该看中国的乡村，这才是真正的中国，外国人要了解乡土中国，一定要到村子里来，同时中国国内旅游人数也在不停增长，希望传统文化能够一代代传下去，这是大众需求。

欲呈文化之貌，有赖遗产活化

教育部最近发布了一系列关于研学旅行的文件，我们在做文化遗产、遗产保护的时候，要考虑到党的要求，考虑到政府的要求，考虑到乡村发展的需求，不光是保留建筑的问题，还有怎么用的问题；不只是旅游经济的问题，还有整个社会的中小学教育、城市化居民生活方式的改变，传统文化如何传达到海外去的问题。

今日利用之作，应成未来遗产

我们不要只做保护老祖宗留下的老房子的工作，也要考虑为未来创造遗产。

第一是产权。城市居民的房子只有70年使用权，所以人们一有机会就到希腊买房子，一有机会就到美国买房子，这是错的。只有土地租赁期长一点，比如租期150年，人们才会真正投资。现在很多搞民宿的人伤脑筋，因为租赁期只有几十年，谁愿意把几十万投进去？租赁期长一点，大家才有激情去做这个事情，这是产权问题。

第二是投入。大家知道农民自己那点钱永远解决不了今天农村房屋改造和再利用的问题。如果有99年的租赁权，大家就会把钱投进去。我们在做的事情是确权，是把宅基地真正交给农民，让农民自己说了算。然后要有投入，没有钱是万万不行的，我认为资本一定要进去，怎么进是另外一个问题。

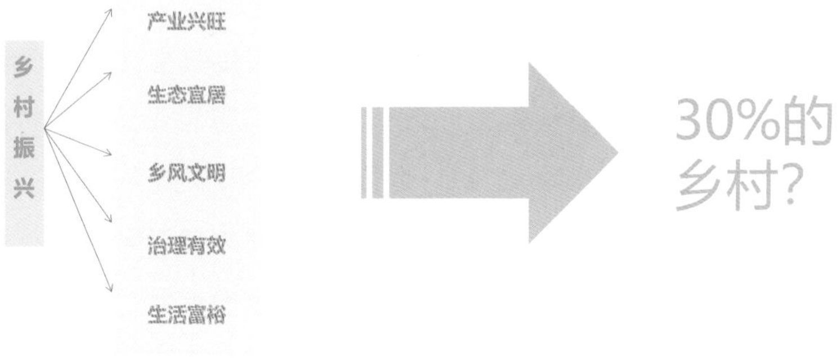

乡村振兴：一个逐渐失去对象的命题

第三是不要急。一个好的项目一定是两辈人、三辈人干的，好东西一定要慢慢来，这才是未来的遗产。马克思说，人们自己创造自己的历史。未来的文化遗产要靠今天高品质的活化，而不是靠不负责任、冲动的处理方式。高品质的建设，古代的案例是岳阳楼，今天的案例是无锡梵宫。新建的东西也可以变成未来的文物，不管是乡村的还是城市的。

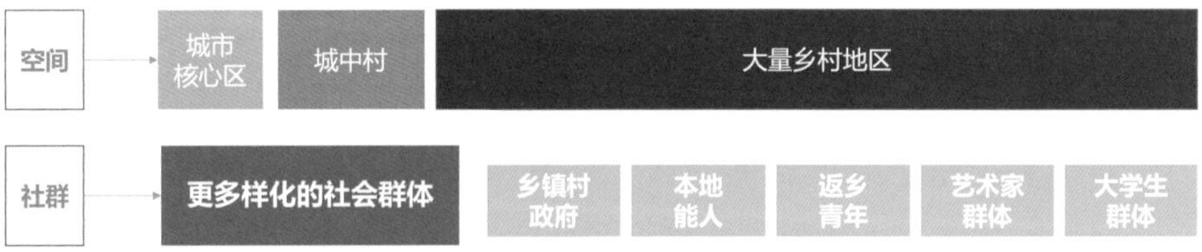

乡村绅士化：乡愁驱动下的故乡重构

3

遗产旅游——吸引年轻一代的挑战和机遇

弗朗切斯科·雷迪作主旨报告

弗朗切斯科·雷迪（Francesco Redi）
意大利Twissen旅游公司董事长和创始人

首先我想告诉大家这个地方深深地打动了我，再回到意大利的时候，我会告诉所有的亲戚、朋友们，告诉他们这个地方有多么美，告诉他们一定要来中国，去发现像碛口这样的好地方。

作为一个旅游领域的学者，我觉得非常幸运，因为我可以去观察世界各地旅游业的发展，并可以从比较的角度来探讨这个问题，今天我将从欧洲的角度分享我们的商业模式，给大家提供一个参考。

第一个就是旅游的双重结构。旅游其实是一个非常特殊的产业，它以小企业为主，只有少数面向全球的大型企业，旅游目的地一般也都是当地的，所以小企业就是我研究的一个主要领域。我们都知道旅游业有很多相关产业，它直接和一些产业相关联，比如酒吧、餐饮、交通……但是它也可以间接地和医药业或者是服务当地的银行业等产生关联。所以我们在发展旅游业的时候也会带来其他的一些商机，而且这种联系是非常显而易见的。另外资金也会在各个关联产业间流转，比如使用外国的制造商就会带来产业间的渗透。所以旅游产业中就会形成关系网，我们都想把这些环节联系在一起。

现在旅游业变化得非常快，总有一些新的参与者加入，比如短期租赁商业模式、新的互联网技术，包括交通运输、中介，都有很多新的变化。所以线上旅行社（OTA）已经是一个很普遍的现象。还有就是“湍流”。“湍流”其实是一个经济学术语，意思是在英国“脱欧”之后，我们经历着很多不确定性。现在世界的经济形势非常不好，太多的不确定性导致我们无法制定计划，这也同样影响了旅游业。现代科学技术的发展同样影响着旅游业，有许多酒店增加了科技的应用来优化客人的体验，所以从娱乐到餐饮服务的水平都得到了很大的提升。快捷支付对旅游业也是有很大影响的。中国现在已经普遍在使用一种全新的支付方式，欧洲现在虽然没有像中国这样发展这么快，但是我们现在也正在试图去发展这项业务。还有就是无处不在的WI-FI同样已经成为旅游中必不可少的要素，这一点可能在中国更普遍一点。

互联网行业的人都知道现在是“内容为王”的时代，如果有内容就可以有很多的用户。但是对旅游业来说，其实是“体验为王”，也就是说游客的期望值越来越高，他们都希望可以享受到很好的产品和服务，并且也都希望能够把他们的体验分享给身边的人。

在欧洲，“魔法巴士”现在越来越流行，它也是和用户的体验结合起来的新产品，比如送人们去看足球比赛或者是其他的一些比赛。邮轮也有同样的概念，也有一些类似产品的创新。还有自行车旅游，自行车旅游在欧洲非常流行，现在一共有15个关于自行车旅游的行程，主要面向一些老年人，因为他们更倾向于这种环保式的旅游。目前来看，自行车旅游在新兴的旅游市场中是非常有前景的。还有过度旅游。过度旅游已经影响到很多旅游目的地，在全球都存在这种问题，所以我们要采取的一个策略就是组织好旅游目的地之间的衔接，这样可以减少游客的不满，同时也可以杀一杀过度旅游的风气。

综上可以看出，旅游业的竞争非常激烈。那么我们应该做什么呢？我有一些建议和关键词想在此跟大家分享一下。首先，最关键的就是顾客，虽然技术在发展，新产品在不断产生，但顾客至上是不容置疑的。其次，产品要独具特色，而且要有竞争力，并且要尽可能地和其他产业产生关联性。最后，是要关注体验，并且一定要进行品牌宣传。旅游是以商业为导向的，所以一定要关注品牌。

从商业角度来说，在过去的十年中，我们一直都集中于旅游的前期，也就是说所有这些生意都处于中介服务层面，关注于产品的预订。后来我们发现在旅行期间也有很多的工作要做，比如餐饮、住宿或是其他服务。现在，我们转变到了旅游的后期，也就是说怎样让游客能够和我们的社区离得更近，比如通过电商平台卖食品、纪念品等。当然同时还有一些让游客产生忠实度的产品，让他们能够有更多的体验。所以我们现在处于一个非常理想的境遇。

同时我也有一些文化遗产旅游方面的案例想要分享。萨尔瓦多·梅西纳（Salvatore Messina）和塞巴斯蒂亚诺·图萨（Sebastiano Tusa）教授共同提出了“古代表演艺术遗址网络”。意大利有很多文化遗产建筑，如艺术馆或戏院。我们过去的组织形式并不注重持续发展，有钱就可以进行维修、修缮，不修缮的话，建筑就不安全，很可能就被遗弃了。所以主要的目标就是要给文化和考古资产赋予价值，这才能推动当地经济的发展。

合作是发展旅游的一个基础，尤其在文化遗产方面，所以需要搭建古代表演艺术遗址连接网络，让这些遗址重新焕发活力。同时开发展现当地文化的旅游产品，并进行推广和营销。主要行动方案包括在考古遗址举办一系列表演活动，推广和营销，培训，为创业公司提供支持四部分。培训其实贯穿所有环节，如果想吸引外地的游客，并给他们提供很好的体验，就需要有一些训练有素的人力资源，如果没有这些的话，那在任何层面发展旅游业都会非常难。这个网络的目标群体包括考古遗址、中小型旅游企业、公共行政部门、居民社区及其他关联企业。最后取得的四项成果是延长欧洲的旅游季，吸引更多的企业，创造更多的就业机会，并提升遗址的可持续性。

另外一个项目是在阿波罗尼亚，也是要给文化和考古资产赋予价值，所以我们主要关注了阿波罗尼亚考古遗址，主要举办青少年大奖赛，比赛类别为文艺项目，比赛地点设于某一考古遗址。我们想做的就是让年轻人参与进来，因为年轻人其实并不了解历史，也不知道这些遗址的魅力所在。所以主要的行动方案也是分三个部分，分别是在考古遗址举办一系列表演活动，推广和营销，为当地旅游机构提供支持。我们要做的就是给他们提供一个舞台来表演艺术，这也是非常成功的一个项目。

4

玩点新花样

徐腾作主旨报告

徐腾
清华大学建筑学院博士在读
公众号『不正经历史研究所』创始人

碛口布偶

布偶狮子

布偶麒麟

前面的领导和专家们讲了很多相关的政策，以及一些对产业的想法，都比较宏观。今天我要给大家讲一点鸡毛蒜皮的小事，是我两周前到碛口后发现的一些东西。

前面很多人讲的是怎样回味旧时光，而我要给大家讲讲怎样玩点新花样。今天有一部电影在北京举办了首映式，这个电影叫《大河唱》。我国宁夏一个叫苏阳的民谣歌手带着摄制组花了两年时间，在黄河沿岸走访了对他有影响的四个唱传统戏剧的民间艺人，他从中提取了一些元素进行创作，作一些传统的当代表达。传统的当代表达是我们一直以来都在追寻或试图在作的一些尝试。其实碛口古镇有一个做得特别好的东西，就是路边很多家在卖的各种手工布玩偶，这些布玩偶其实是非常棒的产品，是大娘自己做的东西，我特别喜欢，不知道为什么我一开始就对它们特别有亲近感。我第一天中午买了5个，第二天中午买了13个，第三天下午买了一个“动物园”，就是特别喜欢。

其中有这样一个小玩偶，我当时跟那个大娘说：“你把架子上那个小狗给我看一下。”她就跟我讲，这个不是狗，这是狮子，她还给我推荐了一个麒麟，麒麟是她自己想出来的。她用传统的工艺，做了一个全新的样子，当时我觉得特别佩服，因为这个麒麟的头可以动。我就问她这个手艺是怎么学来的。她说其实是受她姑姑的影响，她姑姑的手特别巧，能做很多布偶，但最后眼睛瞎了就做不了了。她并不是从小学习，而是生完孩子之后才开始学这个手艺。她又提到很多东西她姑姑并没有留下模板，她做的东西都是自己摸索的。更难能可贵的是布老虎虽是留下来的传统手艺，但是她自己研发了很多新的东西。她自己设计了一个产品，把布玩偶的眼睛放大，把身子缩小，还有一些胡须的表达，很萌，整体是特别当代的一种做法，很符合当代的审美。她自己研发的产品，除了这些，还有兔子、大象、驴等。可以看到，这是一种比较抽象的形态，农村常见的花布与这种形态相结合就出现了一种当代感，我把这种东西叫“民族后现代”。这种风格其实特别有意思，人们通过传统手艺做一些新的形态、一些符合现代的东西，有可能是无意识的。

用液化气罐改造的功德箱

有两个最好看的东西当时卖360块钱，现在大家看不到，它们在我的宿舍里。我昨天到了之后就去问她："上次你那些东西做完以后，你就可以多做一些，开会的时候就可以卖嘛。"她说这两个东西就是为开会展览用的，她卖掉它们之后，她的厂长把她批评了一顿，所以她连夜赶工，赶了一个新的玩偶出来。上周吕梁电视台来拍摄，她说："你照顾一下我的生意。"拍摄的人说："我就喜欢你这个麒麟，你这个麒麟做得好，我想把它买走。"又遇到这种尴尬的情况，她说："800块钱。"摄影师说："600卖不卖？"她说："我又没有办法。"她又卖了，卖了之后又重新做了一个。现在展厅里那个麒麟是第三款，在工艺上确实比我买的那个粗糙一些，因为时间很紧，但整个工艺还是很讲究的。这个小产品在一周内就价格翻倍，拿到北京去卖2000块钱也是分分钟的事情，所以它有很高的升值空间。

文化不是一种固定的样式，它是一种对世界的理解，不同的时代会产生不同的表达，到了新时代我们可以有新方式和新工具去表达，东西是不变的，但是方式会有变化。我们看到一个为功德箱制作的保险柜，这个东西让我们比较震撼。还有一个功德箱，是用液化气的罐子做的，如果说保险箱能被打开，液化气的罐子则是完全打不开的。我们研究了半天也不知道钱丢进去之后怎么拿出来，天衣无缝。

在传统的当代表达上，日本做得比我们好很多。2019年4月，大阪高台庙有了一个新的菩萨，这个菩萨是个机器人，整个身体是机器，头上有一些摄像头可以识别出人的表情和动作，跟人产生一些互动。这是大阪大学的教授制作的，花费折合人民币约150万元。日本有一些和尚是通过唱歌、弹民谣来传播寺庙文化的，他们做的其实比我们自由。如何在传统空间中注入新的生命活力？今天我们的古村镇大会也做了一个尝试，待会儿我们会做一个乡村快闪，因为今年刚好是中华人民共和国成立70周年，我们想在这里提前向祖国母亲说一声"生日好！"，所以一会儿请大家移步到会场后方，快闪活动马上开始。

二

专题论坛一：乡村振兴

1

造村行动——城市创意青年介入乡村实践的可能性

陈国栋发表演讲

陈国栋
无名营造社创始人
主持建筑师

我先简单做一下自我介绍，我叫陈国栋，硕士是在日本学的建筑设计，博士是在日本京都府立大学作建筑史、村落研究。无名营造社是一个小团队，意为“一个没有名字的小的设计事务所”，我们想关注民间的一些营造，尤其是默默无名的工匠们所创造的非常棒的建筑形态、建筑环境。我们团队有15位同事，其中近一半是从欧洲留学回来的，基本是90后，是一个特别年轻的团队。我们事务所最初在日本京都，在一个世界遗产的旁边。三年前由于机缘巧合，我博士期间作了一个关于黔东南粮仓的调研，所以跟黔东南结缘，回国后我们到黔东南的一个小镇里待着。我们在研究工作当中发现，乡村很多当地的年轻人都往外走了，很少有外面的年轻人到这边来，所以我们就提出这样一个想法，就以黔东南茅贡作为一个试验点，以我们自己作为研究对象，看年轻人到中国的乡村来能不能生存，是以什么样的动机到乡村来的。今天我汇报的就是我们做的一些工作。

今天的内容分为四部分，一是无名营造，二是无名有物，三是无名对话，四是无名在地。

无名营造

无名营造是一个建筑设计事务所，我们基本是做乡村的工作，以乡村的整体规划、建筑设计为主，基本在黔东南。我个人对木构建筑特别感兴趣，当时选择到黔东南也是为了了解木构建筑。我们在黔东南一个小镇上做了一个接待中心，我们不想改变它在地营造的习惯和逻辑思维，试图通过一些新的组合方式来作一些呈现。所以在这个过程当中，我们发现了一些很好玩的课题。第一个课题是建筑构成，我们经常谈论装配式建筑，但像一个这样体量的建筑物，我们当地木工师傅用三天时间，不建任何的基线，就可以搭建起来，而且在异地把所有材料构建好，直接把它们搬过来，这是我们比较感兴趣的一个课题。第二个课题是建筑方式，我认为它非常自由，可以自由拼接，形成不同的形态和属性。做得比较多的就是像这类木构建筑，接待中心的一项复合功能是作为一个书屋，镇上的小朋友都喜欢去玩。

我们也接触过一些很奇怪的、无法理解的项目。比如一栋具有200年历史的老宅，因为不满意之前的设计，但又有领导来考察，所以委托给我们，让我们在十天时间内把它全部拆掉，重新做。十天，基本没有设计的时间，就现场边跟师傅商量，边画图，边施工。因为时间关系，家具、软装等全部找村里人来做。在这个过程中，我们也慢慢地在乡村环境里得到了锻炼，接触了一些常规知识体系外的工作状态和工作环境。

在黔东南黄岗村，以前每户都有一个茅坑样的厕所；2017年我们做乡村工作时，还剩下30多个，最近又拆了一批。我们最初觉得特别搞笑，比如有老乡蹲在这个茅坑里面，路过的乡亲还会和他打招呼："吃饭了吗？"后来我们觉得，这种小厕所在慢慢消失，原来有三十多处，现在剩十几或二十几处，这些东西是拆除还是保留，也是个课题。从一些小的点思考整个乡村，黄岗村或者类似这样的乡村，当地的居民和外地的游客之间存在关系等，应该如何处理各方面的关系？所以我们在这里做了一个厕所。第一代厕所只是一个盒子，第二代厕所加了一个顶，第三代厕所加了一个围板。我们设计了一个第四代厕所，利用潜望镜的原理，人在里面蹲着，可以看到外面的游客走来走去，做了这样一个互动。但做这个东西的意义是什么，我们真的不太知道，只是想通过一个镇做一个小小课题的实验。现在发现大家在村里面很喜欢来这里上厕所。

黔东南茅贡镇是我们到的第一个工作点，是一个乡镇。我们一直在做特色小镇，但这个小镇并没有特色，但它吸引人的地方在于，它所管辖的15个村落中有11个村落为传统村落，这个比例是非常大的。地扪侗族人文生态博物馆馆长任和昕老师最先向当地政府发起了"茅贡计划"。政府准备介入这些村落，建设民宿、餐厅等，发展旅游。所以外来和在地所有的诉求都在茅贡镇得到了回应，因为茅贡镇一直都是这个

茅贡接待中心——书屋入口空间

茅贡接待中心——书屋建筑内部空间

黄岗村第四代生态厕所

地区的经济文化中心，从小镇到它管辖的所有的村落都不远，十几分钟到30分钟车程不等。我们在茅贡镇主要做三方面的工作——文化生产、空间生产、产品生产。这种乡村有很多国有、公有资产，还有很多被废弃的资源、资产，要想办法盘活。产品生产也很重要，乡村有很多非常棒的手工艺品和生活用品，也要想办法盘活。

茅贡镇最初分布了乡创孵化中心、百村市集等业态，现在这里有创客中心，有共享办公空间，有茅贡乡创公寓，还有乡创学院、接待中心、文创咖啡屋等，我们想把这个地方变为小镇的一个孵化中心，吸引更多外来人，尤其是一些年轻的创意团体。有一个粮库艺术中心，我们把它改造成了一个展览的空间，展示当地的一些村落文化。小镇的中间是以前的供销社，我们改成了茅贡百村百工中心，把茅贡镇所有现存的手工艺品全部拿到这边来展示。我们还在小镇旁边做了一个木构工场，对小镇上的木构师傅全部作了记录，我们希望这个产业得到发展，同时成为政府宣传的端口。我们还做了一个百村物产加工场，作为一个对外的窗口，希望能带动乡村经济。

然后讲下黄岗村，这是一个特别传统的村落，在村落和镇中心各有文化组团区以及民宿产品，所以我们把商业组团放在村子被废弃的空地上。我们花了大量时间做调研工作，恢复以前村落的整个形态。对于历史建筑物，我们也做了大量的调研工作，尽量恢复它以前的状态。

第三个案例是白岩村，我们做了这个村的整体规划和建筑。这个村落的土地资源特别稀缺，村里有个废弃的小学校，政府就建议我们找离小学校不太远的一块地，这块地位于稻田当中，我们就想通过小学校这个景观来激活它。我们做了一个稻田核心区，通过一些民宿产品的介入，把一些村民废弃的房子做成民宿组团，包括工坊、村委会、餐厅等，主要也都是木构建筑。一些餐厅目前正在施工当中。

这两个村子现在都在建设中，估计今年秋天能够完成。其实我们做的事情造价特别低，房子的基建、室内装修、设备等全部加起来，平均造价是每平方米1800元左右。

黄岗创客中心空间内部
强子／提供

黄岗民宿群餐厅
强子／提供

无名有物

工作之余我们在思考是否可以和身边做艺术、做设计的一些朋友一起联合起来做一些事情。去年我们做了一项实验性的工作，对黄岗村的一个粮仓做了改造，粮仓是储藏粮食和晾晒粮食的。我们没有做任何宣传，只在朋友圈发了一下，却有来自全国各地的朋友跑来黔东南的乡村，很奇妙。我们用当地的材料进行了一些产品设计，并进行了展示，希望村民可以模仿我们，并鼓励他们在网上售卖。

无名对话

2016年我们自己策划并持续做了一个活动，叫“到乡村过周末”，有广东、上海等地的老师过来，品地方美食，逛传统村落。我们也做一些特集活动，我们邀请村民跟朋友一起过这个小镇上的第一个圣诞节，我们也会组织大学生下乡来做调研，组织小朋友的游学活动，组织设计团队、协会到村里进行考察，也会做一些村民的培训，等等，只要可以介入的我们都特别愿意参与其中。我们也会到一些高校甚至国外去交流，我们渴望能够呼吁更多的年轻人到乡村来，也希望一些设计机构和

黄岗民宿群餐厅
强子/提供

更多的设计师跟我们共事。我们希望每年都在城市做一个小的展览，有一些微小的发声。

无名在地

无名在地就是指我们这个年轻的团队的生活、工作就在村里面的一种状态。我们来自全国不同的省份，有一半都在国外留学过，现在我们这些年轻人都在乡村，它的条件不一定像大家想象的那么艰苦。我记得有一天没电了，我们从办公室抱着吉他跑到村里面，吉他一弹，村里的人就过来了，有着别样的热闹。我们希望真真正正、实实在在地跟村民一起生活、对话。这就是我们的工作方式，也是我们的生活状态，更是这个时代背景下乡村的精神面貌，我们渴望更多地激活乡村生活的另一种可能性。我们是生活在中国乡村最偏僻的地方，但是偏僻的地方并不代表思想不活跃，我们渴望能够在这种偏僻的乡村里有这样一种良好的状态和氛围。

白岩村二期民宿群巷道
强子/提供

白岩村二期民宿群与村落
无名营造社／提供

白岩村二期民宿群与梯田
无名营造社／提供

2

有种生活风格叫小镇——从民宿、社区到小镇的社会实践省思之路

何培钧发表演讲

何培钧
天空的院子民宿创办人，小镇文创股份有限公司负责人，
竹青庭人文空间负责人

我所在的地方是台湾南投竹山，大二的时候第一次骑着摩托车到1000米高的山上，偶然发现了一处建筑废墟，它就是我民宿最早的样子。当时看到那个场景，我意识到台湾的发展可能忽略了一些地方文化的价值。从城市到社区，环境落差仍然非常巨大，所以我决定重新修复失去的文化。既然要谈文化价值的重建，就要让来的人停留的时间尽可能长，在山上停留时间长要有营业执照，所以刚开始我不是为了做民宿而做民宿，而是为了重建台湾文化价值，就跑到山上当民宿管家。退伍后，我在南投中部地区跑了16家银行，前后贷款1500多万元，买下了这个废墟，然后我们就在山中修屋。2014年前就有这种老屋新立的情况。撑到第四个月时我收到银行的查封通知书，所以我要每天跑业务，不断做营销。2014年前台湾很少有人做这样的事情，当时我认识了一个歌手，发布了《天空的院子》这首歌，让我们这间快要倒闭的民宿又受到了主流媒体的关注，然后活了下来。所以，我认为我们每个人的一生都可以通过工作等方式让社会变得更好。

我们的民宿活下来后，我做了四年社区营造的陪伴，台湾在这方面有40多年的经验。我们经常到比较贫困的农村做很多陪伴的工作，四年下来，当地的居民回乡整修，露出自信的微笑，我觉得这就是最好的社会状态。后来居民整体就自发性地有了责任感和使命感，有了凝聚力，政府也开始重视，游客慢慢增加，发展出观光产业。

这三四年里，每年的游客数量都在增长，台湾也开始组织民宿辅导、小旅行辅导等各种辅导。四年前游客最多的一年，我发现竹山当地居民从8万人减少到5万人，为什么游客增加了，产值增加了，当地的人口却在流失呢？通过调查研究，发现有几个原因。第一，从政府到民间，追求的是游客人数和经济产值两个很重要的指标。观光产业发展很

『天空的院子』修整前

『天空的院子』修整后

容易有“虚胖”的现象，仔细看会发现，台湾整个的观光形态——老街、商圈、闹市，卖的东西都越来越同质化，虽然这样会让政府感觉经济产值回馈最快，可是这种经济跟当地的百姓没有直接关系。第二，游客的到来会影响当地人的生活品质。第三，不是以为当地居民创造宜居的环境为目的作规划，建设后当地房价一下子涨了，居民就会把房子租了或卖了，然后搬走。地方发展起来后，很多本地人会搬走，有更多外地人搬来做生意，几年之后，可能生态全部破坏了，居民全部搬走了。所以台湾需要更新发展观念，各个村子每年游客的消费要有一部分用于保护当地文化和当地生态。我们在四年前确定了这个方向，民宿的所有耗材都是在竹山当地生产的。

我们积极发展符合当地情况的商业业态，根据当地农夫种的菜制定相应的菜单，民宿的二楼是餐厅，一楼的候车大厅我们进行了重新改造，每个月邀请当地的艺术家组织一些亲子活动，重建了人与地方、人与人之间的美好关系。老车站重新建好之后，公车居然回来了，大家都非常开心，继而我们在一楼办了更多的艺术展，我们跟小学、高中的校长开会交流，进行乡村人才培育。同年我花了7000元台币在竹山校区把当地闲置的120平方米的空房子租下来，整理完之后，楼上房间免费向台湾所有年轻人开放。我把低租金转化成城市一些昂贵的专业的价值，这是互取所需的一种做法。我们为这个房子做了非常有创意的东西，用竹编做了二维码的招牌，学美术做环境美化，找专业摄影师来拍照。有大学生来了两个礼拜，跟我们说“何老师，我们来竹山做新形态的地图”，比如爱聊天的老板分布在哪里，摆臭脸的老板分布在哪里，很有意思。这些想法在台北、台中、高雄等大城市的房子很难实现，因为它们的租金太贵了。未来我们要积极把乡镇传统的劣势转化成城市没有的优势，这点很重要，如果善用这样的观念，年轻人在乡镇很能够找到自己的发展机会，你说我落后，但是我的租金比你便宜很多，互联网这么发达，可以帮年轻人创建好的生态。

从两年多前，这个镇上的人口数就没有减少了，这两年有大量的

老车站二层改造的餐厅

小镇创生孕育中心

年轻人自发回到竹山开展创业项目，几乎所有产品都跟家乡竹山的竹子有直接关系，他们希望家乡竹山的竹子的美好能够被社会看到。这就是我提到的不能一味追求经济发展，而毁掉故乡的价值，应创造出一种新的商业能量。

两年前我开始进行竹山相关数据的分析，并把经验转化成教材和教案。我们做了竹山1：1等比例的地图，把一些地方数据体现在地图上，比如说竹山有多少河川受到了污染，老城区、新城区的分布，当地男女的人口比例、年龄比例，空气指标，还有地方财政好不好，全部做到这个地图上。

当我们在谈产业时，可能会想为什么乡镇的产业没落，很可能不是产业本身不好，而是当地没有人才把它们衔接起来。没落的乡镇也很难吸引到大城市的人才，所以一个长期稳定的方法就是自己培养人才。我建议大学可以联动当地的一些机构，把一些事情做起来，这也是我们正在竹山努力筹备的一个方向。这几年我们到我国大陆、马来西亚、新加坡作了很多经验交流，也有一些合作。我觉得这就像是一个跨领域、跨年龄的行动，没有对和错，如果能用倡议的方式，让社会大众把城乡发展变得更加均衡，是一个非常好的开始。

3

有问题才有艺术
——乡村艺术热的冷思考

胡泉纯发表演讲

胡泉纯
中央美术学院雕塑系公共艺术工作室主任

我今天的汇报标题很直接，如果说稍微学术一点，可以叫作乡村艺术创作的问题艺术，这也是我自己的一些反思。

有一次我在乡村吃饭时，发现身后非常热闹，于是走过去看究竟发生了什么，待人群散去以后，我拍下了令我非常感动的一幕，这张照片也改变了我在乡村进行艺术创作的一些观点和方法。这个看上去比较简单的装置是村民做的摩天轮，它采用了极简单的材料和构造工艺，下面的架子其实是山上伐来的树，钢管是脚手架，这个简单的装置却给村里的男女老少带来了无尽的快乐。当时我就想，我是艺术家，我要到村里来进行创作，我能够给村民带来什么？我们的作品带给人的体验和感受，能够超过当地村民自己做的这个装置吗？其实当时这几件装置带给了我一些反思，或者说带来了一些打击，同时我觉得接下来我所有的创作也将从这个地方开始。

自然场域和乡村在美术史上一直都是表现题材，这主要体现在风景画和风俗画之中。到了20世纪五六十年代以后，自然场域直接成了艺术的发生地，这种改变源于大地艺术。在中国，美丽乡村建设让艺术进入了乡村，因而，艺术乡建成了新时代的话题。

在艺术进入乡村的过程中，或者在艺术乡建的过程中，我认为乡村要成为其自身，乡民需要更好的生活，如果抛弃这两点，我们在乡村谈艺术就是把乡村当成了个人的实验厂。在乡村创作的过程中，有两点非常重要，一点是艺术家本身的姿态，另外一点就是他的方法。姿态是什么？就是不能以一种俯视的姿态来看待乡村；方法是什么？就是必须具体问题具体分析。2019年网友最喜爱的十大古村镇，其实每一个古镇、每一个古村都有自身的特点，从艺术创作的角度来讲，必须具体问题具体分析，同一个村落不同的场地也是不一样的，艺术创作的在地性就是针对具体问题找到一些契合的解决方案和办法。

我认为在乡村不需要两种艺术。一种是装饰艺术，我认为乡村不需要美化，无论是自然条件很好的乡村，还是自然条件相对较差的乡村，它们都不需要装饰，为什么？因为这种装饰是停留在简单的表面上的一种情绪；另外一种就是不需要装腔作势，艺术家不能在乡村大谈特谈所谓的高深的艺术观念，这是忽略场地属性的一种姿态和方法。

与城市相比，乡村其实是很脆弱的，少量的资金可能就会让乡村变得面目全非。从艺术助力于乡村建设的角度来讲，有几个问题艺术家必须面对。第一，乡村创作的目的究竟是什么？第二，我们的艺术作品为谁而做？第三，我们的作品与这片土地、这个环境和这个场地的历史究竟有何关系？第四，作品做完了，它的有效性如何评定？

我们在乡村已经创作很多年了，这些问题一直是我们比较关注的，针对这些问题，我们有自己的研究方法，我们的创作方法分为两类，一类是事件介入，一类是物件介入。

事件介入是通过事件的策划和计划，产生“扰动效应”，最大限度引发当地居民的关注、加入和参与，最大化实现艺术作品的公共效应。物件介入是指在公共空间中制作和添加物件的创作手法。物件是我们通常说的作品，这里不谈作品的概念，我把所有有材料的，形态的，体量的空间、符号统称为物件。

我们在雨补鲁做了一个“场域扰动计划”，利用夜晚的时段定期在村宗祠“广场”以放电影的方式开展。当电影一开幕，人们就发现这个电影跟他们以前看的不一样，因为电影里的人物也许就是他的邻居，也许他能看到自己，看到自己的亲戚，其中的场景就是他们生活的场景，电影里所有的元素都是他们熟悉的。我们把白天在村里考察的时候所看的、所听到的一些东西剪辑成小电影，晚上放给村民看。第一场小电影聊家乡的话题，第一天的人并不是很多。第二次以音乐为主题，我们通过音乐的混编，创作一些曲子，约上乡村的喜爱民乐的村民，以乐会友，这次人就很多了。电影只有十多分钟，但是当天晚上的活动持续到了11点半，不是因为暴雨大家不会走。后来就没我们什么事了，村民之间开始对歌互动了，这中间艺术家只是一个引导者。最后一期，我们临走时举行了一个颁奖仪式，为所有参与艺术活动的人颁奖。

然后是盆景计划。经常有人问我你们在乡村进行艺术创作，能为

『盆景计划』
左 材料：废弃尿盆、废弃玩具 作者：姜嘉赫、孙博文（五工作室），吴劲（雨补鲁村民）
中 材料：南瓜、十年花 作者：姜嘉赫、孙博文（五工作室），余燕（雨补鲁村民）
右 材料：废弃铁锅、洋芋 作者：华成、张成浩（五工作室），年铁胜（雨补鲁村民）

『衣』旧出彩

材料：旧衣物 作者：刘琛萍、周璇（五工作室），雨补鲁村妇

乡村带来什么？我说这个说法不对，其实是乡村为我们带来什么。我们在乡村进行创作的时候，很多创作的方法和观念来源于当地的村民。比如我在一户人家门口发现了一个盆景，用了一个废弃的锅和一棵小树苗，比例非常完美。这个举动启发了我，我们在调研过程中发现当地居民家里有很多这样闲置的盆盆罐罐，他们就堆在院子里，我发现这些东西都可以利用起来，于是发起了盆景计划。这里所有的盆景都是利用村里被闲置，或者看上去像垃圾一样的物品，重新改造而来的，这个过程中最重要的是与村民互动。有人会问这样做有什么作用。我说的确没有什么用，但是这么做可能会带给村民一种对生活的重新理解，包括他们家里的一些物品，村民可能会以另外一种角度去审视它们。

下面讲另外一个村子的互动计划“衣”旧出彩。这个村跟其他村落不太一样，一般村落都会有传统的工艺，妇女会绣花，然后织织布、染染布，但是这个村里什么都没有，哪怕没有传统工艺，但是家庭主妇总是会缝缝补补。他们家里有很多废旧的衣物，我们只是告诉她们，她们的缝补技术加上这些废旧衣物，可以做一点好玩的东西，大家在自发状态下缝制了很多作品。这类创作的东西跟一直延续下来带有民间色彩的传统工艺作品不太一样，它整个的气质是比较接近生活的。这个活动让原本不太融洽的邻里关系变好了，大家走在一起，因为他们有一个共同的事情来做。

我们在村里面进行创作有一个原则，就是这些带有作品性的、永久性的装置或物件，一定要远离村落。我们认为作品创作得再好，放在家门口天天看也会审美疲劳，所以要远离村舍，造成不期而遇的感觉。有一个作品叫“石皮树”。村民说这个树不成材，枯死了，但是问村干部的时候，他说这是以前一种滥伐的恶习造成的，因为直接砍树是违法的，所以他先把树皮剥了，让它自然地死，这样可以名正言顺地把树砍下来，这个作品就是讲这个现象，把树皮剥下就是剥夺了它的生命，我

『石皮树』

创作场地：雨补鲁寨出马街
材料：枯树、石头　作者：周振兴

『石陀螺』

创作场地：雨补鲁寨回忆湾　材料：本地青石、木头
作者：孙博文、姜嘉赫

『山之门』

创作场地：雨补鲁寨出马街　材料：废弃木门、石壁
作者：缑晴徽

『天坑地漏』

创作场地：雨补鲁天坑田间　材料：本地青石
尺寸：直径9米，深2.1米+1米　作者：胡泉纯

要用石头给这棵树做一个皮，这层石皮既是这个树的坟墓又是纪念碑，你要剥夺它，我就要让它永久留存。

当时我们去村里的时候，到处都在改造，有很多建筑垃圾，像这个门就是我们从垃圾堆里面捡回来的，我们就想能不能在崖地上面嵌进去，给人的感觉是山的石头中间住了一户人家。

受村民做的摩天轮的影响，我们也想仿照他的创作方法，在村里留下跟村民健身有关系的作品。我们找到一种陀螺，站上去摆动自己的身体才能转动它，以此达到健身的目的。

这件叫作“天坑地漏”的作品比较大，这跟地区的地址记忆有关系。干旱的气候下，这几个洞已经被掩盖了，已经很少有人提及它。创作这件作品的目的就是要重新向世人诉说地址记忆和往事。

每次下完暴雨，当地居民都要碾压屋面，但是后来所有石碾子都被遗弃了，我们想做一个小型的广场，让游客未来在这里休息，另外这些碾子可以作为参与互动的设施。

拆除的房子被当作建筑垃圾丢掉了，我们经过考虑之后，想到既然它立起来不安全，把它放倒不就可以了吗？所以我们把这个房子四个面全放下来，同时保留了原来的建筑风貌，其实这个时候房子已经转换成了另外一种身份，它变成了一个小型的广场和一个公共的家具。工人在累了的时候会习惯性地坐上去，它就变成了椅子，它也可以变成小朋友在上面不断攀爬的一个游戏装置。这也是一种地景艺术。

刚才有讲过房子的修复，从艺术家的角度修复一个房子，就像画图一样，我把房屋结构列出来，然后在原来的基础上，把框架整个勾勒出来，房子不用建，也能找到以前房屋的感觉，把以前的家具放进去，就成为一个活动的空间。

最后一件作品叫“刨根问底”，树被砍走了，我们把根刨出来，在根上面做了很多场景和装置，把一个看上去很平常的景象转换成一个艺术作品。我就以最后这件作品结束我今天的演讲，我觉得在乡村进行艺术创作就是要刨根问底——艺术创作的目的为何？艺术为谁而作？艺术与场景是何关系？我们怎么评价？

梁家富『石之碾』

张一冉『平躺的立面』

胡泉纯『古宅修复』

吴知声『刨根问底』

4

普通乡村之振兴路的实践与探索

——从明月村到白玉村

陈奇发表演讲

陈奇

成都奇村文创有限公司总经理，国家乡村旅游人才培训基地产业导师明月村位于四川省成都市蒲江县甘溪镇，距离成都市区90公里，占地6.78平方公里，有723户，2218名村民。我们从全国各地引进了45个文创类项目，带动了本地村民创业，创业项目从0个发展到现在的30多个，也获得了一些荣誉。

2009年明月村是成都市市级贫困村，是一个非常普通的村子；2013年我们启动了村里一口老窑的修复工作，于2014年5月修复完成并对外开放；2015年我们引入文创类项目27个，此后的几年就有了一些数据上面的变化。

村民收入也有很大变化，2009年村民收入为四千多元，2018年是两万多元。这个村是以本地的传统手工艺、陶艺为主，再延展到服装制作。我们给村子的发展定位是新老村民互助融合，新村民与老村民在这

明月窑 何异/摄

里共同建设他们的家园，依托老旧的院落引入新的项目，以文化创意带动第一产业和第三产业融合发展，从而带动全村发展。

我们的乡村建设分为产业的建设、房子的建造和村子的社区营造三个部分。

我们把农业发展作为全村所有产业最重要的部分和基础产业，在生态农业转型的基础上链接了文创和旅游，以及深加工的部分。我们村的农业特色主要有两种，一种是七千亩的雷竹，引进去以后改变了整个村贫穷的状况。去年在夏雨清先生和罗德胤教授的帮助下，村里竹笋有了一个很好的销售情况，并且形成了品牌。今年听笋农说笋子几乎供不应求。另一种是茶叶，我们有两千亩的茶园。一开始村民只是去销售批发的竹笋和茶叶的鲜叶，完全没有附加值，现在我们有了自己的品牌。

去年我们组织过声势浩大的卖竹笋活动，当时形势非常严峻，各地的竹笋产量过剩，价格过低，于是我们找了夏雨清先生和罗德胤教授，夏雨清先生给我们做了一个时尚的品牌，罗德胤教授代言了我们的竹笋，之后我们的竹笋就非常畅销。之所以这么多大咖会帮我们代言，是因为这竹笋后面是全国那么多热爱故乡的人，那么多热爱自然和热爱生态的人，是他们在共同守护我们的家乡。

这几年我们又做了很多农创产品，包括各种各样的酒，现在这些酒都是爆款。文创的部分就植根于在地的陶艺，我们引入了六七个陶艺品牌，带动村民们在农忙时种农作物，农闲时做陶。我们有各种各样的陶艺作品，还有服装，在村里很多东西都可以自给自足，村民没有太大的挣钱压力，有更多的时间陪伴家人，新老村民的生活幸福感都大大提升了。

从旅游的角度看，明月村没有名山大川，没有古建筑，就是一个很普通的乡村。2015年之前是没有一个游客去的，所以旅游是作为一个附加的部分和我们对生活的分享。

村里有餐厅，后来陆续有了咖啡馆、民宿，还有赵晓钧老师在明月村院落式的酒店，客人来了可以染布、做陶，获得各种各样的体验。春天我们会在草地上唱歌、跳舞，晚上我们就自己玩，这都是我们很日

村民做陶 汪彬/摄

常的生活，但依然会吸引很多人。

建造的部分，考虑到资金问题，我们探索出一种低成本、易于实施的模式，村民自己就可以进行改造和建设。例如，我们把一个老房改造成工作室，保留了整个建筑原来的结构，只是加了一些亮瓦，做了防潮。猪圈改成了茶室，一些老的厨房则保留了原来的样子，更新了一些可以满足现代人需求的功能。道路两边的房子我们加了廊，村民就有了一些商业空间，他们开始在廊底下卖东西，开小卖部，开餐厅。我们用荒地做了一些河塘，河塘上面做了一个很小的酒馆，只有20平方米，但是里面记录了很多非常美妙的时刻。在乡村也有一些多样化的现代建筑和设计，我们所有的建筑都是由当地的工匠来完成，带动了当地的就业，也培育了当地村民的自豪感。

再讲一下我们的乡村文化和社区营造。我们在明月村做了明月讲堂，每个月一期，邀请全国乡村建设的大咖去分享。我们还开设了明月夜校，专门为村民开设，他们白天劳作完以后可以来上各种各样的课程。我们还为村民免费开设了很多产业培训的课程，例如陶艺课，从2016年开始，每周六上午风雨不改地给村民做培训。村里有个12岁的小朋友已经学了两年，作品非常棒，被我们带到韩国、日本去展览，现在已经可以挣钱了。我们还教村民草木染，学成后可以开店，也可以去上班。

现在村里导览员团队有四五十人，每天要接待十波以上的来访团队，极大带动了村集体经济的发展。我们还在村里做垃圾分类，垃圾分

呆住酒店 呆住明月/提供

类的做法在之后的两年里逐渐覆盖了全县，甚至周边的县市，现在连孩子们都养成了垃圾分类的习惯。

村里的老人平时会在我们的图书馆看书，孩子们会在图书馆里进行合唱团的训练。每年我们都举办中秋诗歌音乐会，演员都是村民。第二年，村里的妇女就成立了歌舞团，并开始登台表演。第三年，孩子们也参与了，大家都很踊跃地报名，在活动演出刚刚结束的时候就会开始准备第二年的演出。现在县里的其他镇都会提前联系我们，想参加我们的中秋诗歌晚会，但其他村子的节目需要海选。

总结来说，第一，我认为整个村子的发展要有一个共同的价值观，这里是新村民和原住民共同的家园。我们把所有村民的安居乐业放在第一位，而不是每年我们的经济收入增长多少，或者我们得了什么奖，重要的是每个人在这里的生活。第二，作整个规划时要想清楚我们是谁，我们要做什么，哪些不能做，然后坚定不移地执行就好了。第三，是发展模式，明月村连接了所有的力量，政府来搭台，来投建基础设施，包括道路、污水处理、垃圾分类、河流整治等。我们引入的文创项目，以文创的活力撬动了整个村的产业发展。农业向生态农业发展以及与第一产业和第三产业融合的问题也是要解决的。整个过程有很多公益组织和社会企业参与，解决了很多政府和大资本所不能解决的问题。另外就是社区营造、社区共同发展和共创共享。第四，是人才振兴，乡村发展至关重要的就是人才，有人回去了，村子的各种问题都是可以解决的。越来越多的年轻人愿意来这里，并且在这里扎根，做了非常多、非常棒的事情。

我们村也还有很多不足，接下来还有很多要改善和完善的，可能很多乡村都是差不多的情形。第一，是整体服务，有了品牌和知名度后，就要在细节和服务上下功夫。第二，我们持续在做的事情，是非常重要却很难办到，但又必须要去做的事情——整个农业的转型，尤其是向生态农业的转型；形成全村的生态组织，构建一个连接村民、生产者、新农人和消费者的农业生态链。这些问题解决之后，我们所有的梦想才能在这片土地上落地生根。第三，是我们整个产品的系统延伸。

乡村振兴是一个系统的事情，包括基础设施、生态、产业、建造、文化、人才、村民的培训等。基础设施和盖房子相对容易，只要有钱投就可以了，而生态、产业、文化的部分，特别是人才和村民培训的部分，都需要深扎并花力气去做。我去日本看相对成功的区域，发现他们是以20年、30年来看待一个地区是否真正实现了振兴。

2019年开始，我们从明月村走向了更多的村庄，我们不是去这些村庄做建设，而是去这些村庄和当地人一起去发现这个村庄的价值，然

荷塘上的搞事情小酒馆　汪彬/摄

白玉村乡村书馆 杨鹏飞/摄

后和他们一起讨论，构建这个村庄的乡村振兴系统，并发现当地有潜力、热爱村庄的人。我们聚集了很多城市的设计师，他们到村庄做链接、做激活、做设计。

我们还去了李白的故乡白玉村，做了很乖的玩偶，用村里闲置的房屋建图书馆。在过去五年里，经常会有媒体、政府官员、专家学者问我：明月村可以复制吗？这些经验在别的地方是否可以推广？所以，2019年我们走了出去，用我们扎根五年的经验和非常多的老师进行了交流，点亮和激活这个事情，让更多的年轻人回家乡，进行家乡的建设。

5 重新发现乡村生活美学

王翎芳（下）、徐尧鹏（上）

王翎芳

『翎芳魔境』品牌创始人，国际生活美学创新实践家、国际旅游观察家、国际美食研究家

徐尧鹏

『翎芳魔境』品牌创始人，纪录片独立导演、Blackmagic Design达芬奇国际认证讲师

徐尧鹏

我们讲的是重新发现乡村生活美学，以翎芳魔境为例。我们走过一些乡村，做了一些落点，现在讲讲乡村振兴的痛点是什么，以及如何解决这些痛点。

第一，业态同质化太高。如果一个地方的民宿火了，这个地方的民宿就可能开始出现大量复制，但是卫生和规格可能不行。其实不只民宿，包括餐厅、单车等也有这个情况，最后会造成资源的浪费。一个大量复制的业态，可能会阻止乡村振兴的步伐，乡村特色也不容易凸显。一个区域里很密集地发展同一个业态的话，同类人才会需求过多，影响区域整体发展。所以，我们认为最好做定制化产业，因地制宜，根据当地的特色来寻找解决办法。

第二，人才引进困难。首先是乡村可能没有吸引人才的产业，所以我们提出一个解决方案，我们认为一个定制化的新兴的产业，独属于这个乡村，可以吸引人才进来。我们鼓励新兴产业和奖励分红的制度，让人才对乡村产生信仰。其次是资本过早进入乡村会带来破坏的问题，因为社会资本是趋利的，所有容易造成大规模的破坏。再次是社会资本太早进入，以最低需求引用人才，工资不高，人们只是来务工，而且社会资本过早进入要求征地，会请求政策红利倾斜，也容易伤害到村民利益。我们认为解决方案应该是政府当领头羊，投资不宜太大，做有效的投资，开启一个新业态后，再进行招商和发展新兴产业。等扶持产业起来之后，再让社会资本进入，产生自由竞争，这才是一个比较好的模式。

第三，村民参与意愿比较低。社会资本进来，乡村成为城市的后花园，村民不懂，他们认为这是城里人做的东西，会产生隔阂感，不愿意参与。另外，就是民宿问题，村民认为好做好赚，容易跟风，但管理不到位，容易产生景观错乱和卫生问题，初期大家只关心赚钱，并不关心公共事务。我们认为解决方案是要从村民的专长入手，挖掘地方特色，发展特色产业、特色餐饮、特色物产，并让村民自动参与公共事务。

今天我们这里重点讲如何以美食为切入点，引领乡村整体美学。美食永远是游客进入乡村消费的必需品，美食不仅要有味道的美学，还需要结合空间营造，在乡村提供国际化的空间美学。国际化混搭的乡村特色食物，成为网红的必备条件，还需要注重视觉、嗅觉，摆盘、灯光、设计、食材故事，等等。

王翎芳

接下来讲一个浙江松阳的案例。我们在松阳落地了翎芳魔境国际美学产业集群，并研发了中西结合的“三茶三点”——绿茶搭配蜂蜜香橙绿茶黄米果、端午茶搭配椒盐卷红茶薄饼、桑抹茶搭配红豆抹茶山粉饺（对当地的特色山粉饺进行改良，把肉馅改成了颗粒分明的软糯烤红豆，制作外层的山粉皮时添加了抹茶粉），这“三茶三点”是宴请国际宾客的主要食物。

这些茶点是我设计好，通过当地职业学校的培训体系，从培训的50个人里选了二十几个人来做的。我们设计的食谱介绍了食物的本源，传统是什么样，以及食物是如何演变至今天的样子的。联合国茶叶委员会首席执行官在品尝了我们的美食后说了这样的话：“这些美食是翎芳女士走遍全球、尝遍天下的结晶，值得全世界的人民拥有。”

我们进驻任何一个村子，首先要考虑的是帮政府把拳头产业带动起来，而不是先考虑咖啡馆、餐厅或者培训村妇等。红糖是松阳的重要产业，有建筑师帮他们设计了红糖工坊，我们用红糖工坊里的红糖研发不同的美食，比如红糖吐司、红糖饼干。

我们培训当地村妇做这个吐司，现在这个红糖吐司售价30元，特别畅销。有一位做吐司的62岁的阿姨，成了松阳的网红阿姨，阿姨其实在我们入驻前后变化是很大的，电视台也对她进行过拍摄。

怎么做消费的美学？我们研究设计了伴手礼，我们研发了红糖咖啡，我们把当地的红糖跟咖啡结合在一起，全中国只有这个地方有红糖咖啡，现在已经在售。

此外，我们以专业影视联盟助推乡村的宣传。为什么会有这个联

『三茶三点』

端午茶搭配椒盐卷红茶薄饼

绿茶搭配蜂蜜香橙绿茶黄米果

桑抹茶搭配红豆抹茶山粉饺

『三茶三点』制作团队

红糖吐司

红糖饼干

盟？松阳政府给了我们一个1000平方米的老屋，用作艺术家工作室。一层我们用于松阳美学的展览展示、美食餐厅及美学的培训；二层用作贴布导演徐尧鹏的乡村影视美学基地。我们有些国际的资源可以进来，包括一些专业、性价比高的电影；也可以拍照片、拍视频分享到自媒体，助推乡村宣传。

我认为整个乡村美学生活的提升，如果没有村妇是完成不了的，而且要从村妇的内心着手去改变，她们才是乡村最好的风景之一。现在我们在松阳的阿姨每天打扫完都要喝杯咖啡，这是她的自我享受，现在不只喝咖啡，她也能打咖啡了，就是客人来了以后，她能很好地去做服务，所以有很多人去找她喝咖啡。她现在很注重自己的形象和谈吐，我觉得特别好。

我们做了这个事之后，有一些民宿觉得不错，也会学习这种模式，我认为这是非常好的一种连环的动作，能够带动整体，是大家发自内心地想发展，应该能够更长久一点。

徐尧鹏

最后讲一下空间改造和提升美学，我们对一个传统的像会议室的咖啡馆做了改造，改造前后环境有了很大的变化。我们用导演构图的眼光看待这个空间，除了使用、氛围、舞感之外，每个地方呈现出来的效果都很好，传统空间被改良成游客喜欢拍照传播的地方，不同的角度都能有很好的拍照效果。

这里特地介绍一个90后的小女孩，她本来有份非常稳定的工作，所以她上山来翎芳魔境·云上艺堂居的时候，家里非常反对，她是因为有这个信仰，然后一直坚持到现在。我们让她每天做工作日志，她会把阿姨跟她和客人的故事写给我，我们会把它们全部整理好，当作我们内核的一个非常重要的能量，然后保存好。

云上艺堂居空间

6

当文创与古村镇相遇
——古村镇新iP与新风物的故事

刘玉恒发表演讲

刘玉恒
北京风景文化文创发展有限公司总经理

今大我分享的题目是“当文创与古村镇相遇——古村镇新IP与新风物的故事”。我们文创公司创办有四年，是大地风景体系下孵化的业务子公司，我们一直做旅游目的地、旅游景区IP的创造和孵化，旅游目的地二次消费的升级，可以理解为对旅游商业和旅游商品的开发和提升。这次我们围绕古村镇，尤其是古镇，做了一些旅游IP和旅游商品，包括一些商务业态升级的产品，在这里向大家作个分享。

文创的意义是什么？中国的乡村有什么？

现在，乡村尤其是旅游景区提文创提得很多，我认为文创最大的价值是它可以为产品带来高附加值，这也是现在我们的旅游目的地、旅游古镇，或者乡村非常需要的一个元素。那么，古村镇有什么？我觉得对于我们做文创的来说，它最好的一点是它延续千年的文化，这里有城市里很难见到的传统文化，当我们走进乡村的时候，就能感受到这些文化，这也是我们文创较好加以发挥和创造的一些内容。我们现在围绕古村镇做了一些事情，主要围绕传统故事新IP、传统物产新产品、传统空间新场景、传统文化新营运四个板块。我提的是营运，而不是运营，因为我们希望把这个文化先推出去，得到关注度以后再进行二次提升。我一直认为，做文创对于旅游目的地，对于古村镇，其实它第一步的作用是在做一些营销、宣传和推广，因为文创是对文化内容的表达，不管文创商品还是文创事件和活动，首先要有一定的关注度。

下面我通过两个小案例分享我们在这四个板块做的事情。

首先是木渎风物记，我们在这块做了什么？我们做了一个IP的打造和相当多的活动，活动仍在延续。木渎古镇位于苏州太湖东岸的城郊，和碛口古镇一样，具有上千年的历史和文化。

我们做了一个黄六爷的卡通形象，为什么我们会做这个形象呢？首先是想讲故事，江南古镇很多，同质性强，那么木渎有什么故事呢？乾隆皇帝六下江南到这里，我们想通过这个故事和其他古镇拉开距离，产生差异和竞争。之前一般是通过营销传播简单地讲乾隆皇帝来过的故事，并没有真正把这个形象或者内容更丰富地植入古镇，所以我们希望用一个非常具象的卡通形象的方式来改变。

我们一直认为古村镇的IP有几个层面，这里说一下精神层面。比如说乌镇的文化艺术节，乌镇有浓厚的艺术氛围，这是它潜在的IP。有些地方内在IP可能有了，比如木渎，是一个可以寻找苏式传统生活的地方，而关于乾隆皇帝下江南，我们希望通过一个吉祥物的形象、一个非常具象化的IP，去讲述这个故事，吉祥物可以与游客有很好的互动，游客不需要抽象地感受当地的文化，看到这个形象就可以感受到这个故事。所以，当时我们做了以乾隆皇帝下江南为主的形象IP。乾隆皇帝坐着船是一个主形象，故宫前两年皇帝形象很火，故宫的是体现皇帝在宫里的工作状态，而乾隆皇帝六下江南，我认为更多的是到江南游乐来了，也突出了旅游的性质，围绕这个吉祥物的语言，都是关于乾隆皇帝下江南“旅游”过程中发生的故事。

我们围绕IP做了很多，并不是为景区打造一个形象就完了，我们会把它的形象作为古镇的文化挖掘，有了IP形象之后，这个景区每一个点都有一个小故事，我们进行梳理，并贯穿景区。最后，通过这个IP的驱动，形成了几个核心的文创业态，并植入文创活动、文创景观，进一步激活旅游目的地的文创消费。

我们围绕文创消费做了几个事情，一个是核心的主品牌，木渎风物记。另外我们做了子品牌，我们在介入这个项目的时候，房屋都是老百姓的，当地政府好不容易整理出十个店铺，希望我们做统一的商业提升，后来我们觉得这个步子迈得比较大，需要投入大量资金才能带动整个片区，包括景观提升和业态提升。所以后来我们建议政府先做核心业态，完成后可以让老百姓经营自己的店铺，好的业态他们可以学习，这样可以有驱动效应。我们在当地做了木渎风物记的业态，线下子品牌有渎记行、渎好集、渎味堂和渎物斋，这

乾隆皇帝黄六爷的卡通形象

个店在木渎古镇经营了两年，颇受欢迎。

刚才提到四个子品牌，我们认为针对传统的旅游目的地，尤其是古镇或者古村，最适合的路径就是当地物产的再升级。我们借助姑苏繁华糕的概念做了一个升级。乾隆皇帝六次下江南到了木渎，六次之后再回北京一直想念木渎，然后让画师画了《姑苏繁华图》。我们找到了苏州当地一家糕点生产企业，对状元糕等五种糕点进行了再创造，放进了我们的店。现在这个产品就是非常好的“故事”，味道也不难吃，成了来木渎的必购品。所以，我们要创造有当地的故事价值和可以深度营销的产品。

另外，我们给华山做了一款华山论剑折叠水壶。去华山一般都会登山，专业的驴友自己会带运动水壶，但多数游客一般都是在山脚下买一瓶矿泉水就上山了。基于这个小小的痛点，我们策划了一款折叠水壶，售价12元，在山下买折叠水壶，灌上华山的冰泉，然后往腰间一别就可以登山了。

说到产品，在座的嘉宾可能前两天有收到一个枣类的产品，它是我们配合这次古村镇大会做的一个“采风去”计划的一部分，用一场行动再现这个产品。我们有不少设计师资源，“采风去”我们定向邀约了三名设计师共同参与，会前三名设计师到当地考察了两次，两次都分别待了一周，他们在干吗呢？其实就是在研究碛口物产的文化。

我们认为做文创商品一定是以伴手礼为主，我们以“户户相通院院连，炊烟袅袅枣儿甜”这样一个概念设计了伴手礼——“美枣佳窑”。碛口的第一大景观肯定是黄河，但它还有一些新的元素，比如窑洞，三层窑洞已经成为一幅名画了，每家每户会挂着大红灯笼，寓意吉祥，再就是我们碛口的大枣。围绕这个大枣，我们讲了一个小小的产品故事。

“美枣佳窑”的包装非常简单，我认为乡村的伴手礼不需要过多的包装，我们不提倡过度包装。在这儿要感谢碛口红大枣厂，配合我们完成了伴手礼的创作，工人手工折出了这个类似灯笼的包装，并且方便携

带。我们用非常低的成本把故事讲出来，创作了我们的“美枣佳窑”伴手礼。

最后讲下传统空间新场景，包括我们的木渎风物记，以及我们在盐城、贵阳落地的以文创体验为核心的消费场景或者旅游购物店。做旅游购物的方式有很多种，其中一种就是在景区出入口做大型的购物中心，但是这种购物中心很容易做得跟超市没太大区别。我们延续了这种方式，但对它进行了重新利用，我们希望植入美食、手工体验等业态，进行整体提升和改造。

我们希望以IP的打造、产品的开发，让千年古镇得到再生，让这个地方成为一个旅游目的地的新打卡点。

7

农村文化与观光休闲的融合与创新

叶陈锦发表演讲

叶陈锦
桧木居民宿主人，台湾花莲县休闲旅游协会理事长文化和休闲旅游的结合，台湾花莲做了很多年，农村文化如何跟我们的休闲旅游观光结合，如何进行发展？花莲主要采取了“一村一品”行动。

“一村一品”行动，就是一个村子的居民充分利用本地资源优势，充分发挥自己的优势，开发具有地方特色的精品，打入国内和国际市场。每一个地方的农村一定会有它本身特殊的不管是农产品还是它的文化，我们怎么包装这个东西？1988年，台湾推出一个所谓的OTOP（一乡一品），做了“原真”台湾的推广活动，可以看到每个乡镇都拥有代表性的东西。我们认为，农村创新转型的关键条件要有文化性、故事性、参与性和设计性。

比如我们利用具有特色的辣椒，把花莲当地的部分农产品创造成独特的美味佳肴，另外制作了一些知名特产，还有温泉，是重要的体验项目。每个乡镇都有自己的独特性及自己的文化和历史，怎么把这些用故事性的方式进行推广，进行品牌的营销？我们知道碛口古镇的住宿主要还是集中在相对有名的几家，但据了解，收入和入住率并不理想，我认为还是要做一些有参与性的内容，并把碛口古镇的民宿变为非常棒的体验环境，融合文化的发展，创造出自己民宿的品牌，整体带动地方旅游发展。同时，也需要设计一些体验活动，让游客能真正体验到当地的生活、习俗和节庆等，购买具有本地特色的文创商品，品尝本地特色美食。比如台湾花莲集合了本地的六大原住民族群，延续古老传统的祭祀活动，每年8月举行三天两夜的原住民族群联合丰年祭。

保存农村发展的历史文化标志，将其变成观光景点。花莲往南第一个镇叫作凤林镇，是台湾最大的一个客家村，有很多不同的客家文化。客家人刻苦耐劳，凤林镇出了很多校长，同时拥有很有说服力的文化故事，我们根据这个把这里包装变成一个校长梦工厂。另外，以前凤林镇种了大片的烟草，有很多的烟叶工厂，还有植物染工坊，有花布和花手巾等作品，使用这些东西的人基本是客家人，这是他们独特的客家文化。我们设计了客家文化展览，提出“低碳旅行、慢城凤林”，并得到“国际慢城”的认证，来这里可以放慢步调，深刻体验当地的文化和故事。

运用自然地热资源，打造瑞穗温泉乡。我讲下花莲的第二个乡镇瑞穗。瑞穗的特色是温泉，基本是冬天泡温泉，夏天泛舟。我们根据当地的特产设计了一些特色伴手礼，瑞穗红茶，举世闻名，获过国际奖项。当地有很多特色农产品，都很受欢迎，我们还把部分农产品变成文创商品，比如说娃娃、帽子、果酱等。

最后讲下花莲的光复乡。光复乡种满了甘蔗，有糖厂，原是台湾最大的一个制糖基地，但跟烟厂一样慢慢没落了。现在我们把原有的宿舍变成饭店，价格不便宜但依然非常抢手。把旧式日本宿舍改成特色房间，游客来这儿还可以体验DIY制糖，此外还做了特色的糖厂冰淇淋，现在成了游客到光复乡必吃的食品之一。

总结来说，我认为打造新农村观光体验有以下四个步骤：第一要找出农村特色，结合发展历史与文化特殊性；第二以农村特色为核心，规划长期一致的农村转型战略；第三依托农村特色，发展食、衣、住、行、育、乐等产品；第四通过包装设计与互联网营销等现代方式推广农村特色。

8

黄河如何颠覆民宿

夏雨清发表演讲

夏雨清
借宿创始人，杭州民宿行业协会执行会长

我今天讲的主题也可以反过来——民宿如何颠覆黄河。碛口古镇据说是中国十大古镇，但我觉得非常遗憾，这里的体验并不好，住宿条件太差，我都感觉活在二十年前。我看前段时间还在碛口搞了“吕梁文学季”活动，盛名之下，是很让我等与会者失望的。

这是我第一次来吕梁，也是我第一次站在碛口的黄河边。一个黄河边曾经繁华的古镇，缘何衰落至此？我就在思考我们该如何颠覆黄河，颠覆吕梁，或者颠覆碛口，让它重拾岁月的辉煌。我觉得我可以用另外一个“黄河”来给山西、给吕梁、给碛口做一个样板，做一个参考。

我们所说的民宿可能跟日本、中国台湾都不太一样。在中国大陆，民宿是一种被设计过的生活方式，它不是原汁原味的、土生土长的，土生土长的那是农家乐。民宿是我们想象出来的一种生活美学，一出世就被中产阶级推崇，甚至还出现了一种生活方式——因民宿而旅行。

所以，不要说这不是民宿，那是你不懂民宿。

中国大陆的民宿是开创性的，是独一无二的。

2013年可谓中国民宿元年，市场突然暴发。松赞集团创始人白玛多吉曾和我说过，那是民宿最好的年代。他说这句话的时候，仿佛在谈论一款葡萄酒，阳光、空气、水分，都刚刚好。

按文旅部的数据，民宿已经超过10万家了。且不说这个数字鱼龙混杂，可以肯定的一点是，民宿开始变得日常，不再惊艳。我一直在想民宿如何突破，或者说该怎样颠覆它。

我选择了黄河。

为什么是黄河？首先，这是一种挑战和考验。在荒凉的黄河边，这样一个完全不可能出现民宿的地方，我们要创造无限可能。我想，这就是我们先行者的价值，也是“借宿”的价值。

下面我就和大家谈谈不可能的“黄河 · 宿集”。

黄河边有一个村子，叫大湾村，现在有很多房子，但几年前我们来时，已经被夷为平地。因为下游修水坝，村子可能会被黄河淹没，所

以政府让村民都搬迁了。人走了，所有房子也被拆掉了，水坝修好了，村子没有淹。几年前，温州煤老板、华正文旅创始人陈祖品买下了这块地，我帮他把这个地方做成了一个颠覆性的民宿产品——黄河·宿集。

现在你看到的村子的样子，是我们根据村民的想象和记忆复原的。当然，也是我们想象中的西北村落。

那么，为什么是宁夏呢？

九曲黄河，流过的省份很多，宁夏中卫是第一镇。黄河在这里拐了个大弯，留下这片叫南岸的半岛，这个叫大湾的古村。

大湾村集合了大漠、戈壁、黄河、绿洲、长城、古村这些稀缺的元素，直达人心，这在中国非常罕见。

黄河·宿集直面黄河，对岸就是中国四大沙漠之一腾格里沙漠，陡峭的沙壁之上，是横穿沙漠的包兰铁路，在宿集里，可以看到绿皮火车缓缓驶过，晚上则是一条流动的光带。

宁夏太美好，单单一个戈壁，就颠覆了我们的认知。想到戈壁，是不是荒凉的无人区？宁夏不一样。那条串起黄河边古村的戈壁公路，美得就像美国66号公路。《舌尖上的中国》说，盐池滩羊天下第一，盐池滩羊就来自这戈壁滩上散放的羊群；戈壁滩的石头缝里，还出产大大的、甜甜的硒砂瓜……这里的黄河也并不总是黄色，冬天是清澈见底的。

黄河·宿集又是怎样颠覆民宿的呢？说颠覆可能太夸张，但它至

硒砂瓜

少改变了我们对度假的认知。

我们引入了五家民宿品牌和一些生活方式品牌，在这里做了民宿集群——黄河·宿集。在宿集里，民宿只是一个黄金配角，主角是这一片黄河和沙漠交织的空间。有人会仅仅因为民宿的一张床，从全国各地千里迢迢来到大湾村么？有，但肯定很少。

他们更多为沙漠、黄河、戈壁而来。

可是，一家贴心的民宿，一张舒适的床，又是一段美好假期的必需品，是基础设施，所以一定要好。因此我们引来了国内最好的民宿品牌。

西坡在中国民宿榜排第一位，为成熟女性所热爱。大乐之野吸引的是文艺青年和小资。每到一地，西坡都有自己的“小黑面包房”，大乐之野则有自己的咖啡馆“野有咖”。墟里，一个专注亲子的民宿品牌，从温州起步，温州有两家，每家都一栋房子三个房间，整栋出租，到了中卫还是整栋出租。在墟里，下厨的是爸爸，妈妈只负责带孩子。飞蔦集是我们自己孵化的品牌，第一家在浙江松阳，上过《三联生活周刊》的封面。这一家飞蔦集在一片百年果树林里，被高大的梨树包围，离黄河只有十几米。飞蔦集简约的设计和270度视野，最受年轻女性追捧，尤其是那面倒映出黄河的大镜子。还有一家是华正文旅的南岸民宿，这是煤老板第一次开民宿，一出手就惊艳了，有一个专门用来拍照的泳池，一天下午茶能卖出几十份。

黄河·宿集2019年2月横空出世时，因为夯土风格，经常被媒体称为“中国的摩洛哥小镇”。

宁夏乃至整个西北，一直被季节所困扰。每年过了10月8日就没有一个度假客，等到来年“五一”再重新开门，有半年时间是没有客人的。黄河·宿集在春节前开业，5家民宿，52间客房，春节试营业入住率达到85%，我们现在的均价已经超过2000元钱，节假日和夏天会略高。中卫往年夏天人满为患，冬天卖100元钱的客房，暑假客房卖到1000元钱。

我们试图改变这种局面，希望打通冬夏度假市场的任督二脉。

黄河还是那条黄河。我们对黄河的改变或者对民宿的改变，融入了在地的旅行线路。

腾格里跟别处的沙漠不一样，多水，据说有一百多个湖泊，这给了黄河·宿集非常大的想象空间，我们在沙漠里做了一个不一样的产品——沙漠星光晚餐。冬天冷，我们做午餐或下午茶。我们每天用专门的车，把桌子、厨师和食材运到沙漠，布置美美的餐桌，然后再运回来，不留下任何一点垃圾。

黄河边有很多被遗弃或者接近荒废的古村落，我们为此开发了一条线路，叫“古村落寻访之旅”，去寻找废弃的古村落。现在去黄河·宿集最多的是旅拍，因为随便用手机拍都是大片。

我们还做了一个牧场，有一段时间，几乎每天都有小羊降生，小孩子最喜欢跟在小羊后面玩了。

有人说过，没有一只羊能活着走出宁夏。

这句话用在美食上，是夸宁夏的羊好。单独说出来，就觉得残忍。小羊尤其悲催，据说42天之内的羊最好吃，烤全羊烤的都是这些小羊羔。

和世界各国一样，中国的乡村一日比一日衰败，这是没法阻挡的。如何让一些乡村恢复活力，减慢它们的衰败，我觉得这是我们要做的。

我把民宿当作了乡建的一个入口，因为民宿可以为乡村提供一些

黄河·宿集

好的就业机会，给当地人提供比较体面、收入又不错的工作，这样才能吸引年轻人回到乡村。

有了民宿才会有年轻人，有了年轻人，乡村才有未来。

我要致敬在场和不在场的乡建者，因为有了你们，乡村才有了希望。明月村的陈奇一直在乡村做这样的工作，是我非常敬佩的一个人，罗德胤教授也是一个认真为乡村做事的学者。我跟罗教授在松阳相识，松阳应该说是我们乡建的起点。

在松阳，我们帮陈家铺村民卖高山番薯干，几天就卖完了，2019年1月时任浙江省委书记车俊到陈家铺考察时，还专门点赞。在中卫，我们卖了黄河滩枣，当地的一个农民，30年前引进了好品种，从最早的十棵枣树，到现在已有300亩枣园，我们把他去年的几万斤库存卖光了。

不仅如此，我们旅行线路上寻访的村庄，当地村民的红枣也被客人几天之内“扫荡”一空，以前这些红枣每年都会扔掉，因为太偏远，没人收购。很多当地的水果，像苹果和梨都在树下烂掉，因为采摘和运输成本远超过售价。现在因为黄河·宿集，水果多了一条去路：可以用作客房水果，也可以做成果汁，或者在冬天把梨放在户外冷冻，做成冻梨，是很好的一道天然甜点，现在被飞蔦集用来作为夜床点心。

无论民宿还是民宿集群，或者乡建，进入乡村就要给村民最好的回报，这是大地给他们的馈赠。

掩映在树林里的飞蔦集

南岸民宿

黄河·宿集夯土建筑群

充满摩洛哥风情的黄河·宿集

沙漠星儿晚餐

9

乡村振兴互动论坛

乡村振兴互动论坛（左起分别为罗德胤、唐亮、洪金聪、殷文欢、张森华）

主持人：

罗德胤　清华大学建筑学院副教授

参与嘉宾：

唐　亮　瓦厂酒店创始人

洪金聪　九七华夏设计机构CEO

殷文欢　寒舍旅游投资管理集团创始人、总裁

张森华　北京多彩投网络科技有限公司创始人

罗德胤：我们请几位资深的乡建从业者与大家互动，我会先问一个比较宏观的问题，接着再问一个比较微观的问题，请各位结合多年的经验及自己的感想体会轮流回答，或有什么特殊的想法，都可以进行分享。

第一个问题比较宏观，从唐亮开始，乡村振兴是党的十九大提出的一个很核心的战略，您觉得乡村振兴战略中最重要的一个环节是什么？

唐亮：这个题目有点大，回答起来有点压力。我觉得乡村振兴可能分几个层面，第一个是政府的层面，一个国家要怎么发展，大的政策要由政府来定，政府起到相当重要的作用。今天很多专家也提到了土地政策，尤其是乡村宅基地政策、开放的政策等。另外，乡建需要一大批有热情、能坚持的人，没有那么多诗和远方，我们做乡建十多年，在乡村做了一点点事情，确实也遇到过很多困难和挑战，如果没有持久的、坚持的态度和精神，可能也很难完成这个重任。

罗德胤：那您现在开瓦厂也有十来年了。

唐亮：是，我们做瓦厂是从2005年开始的。

罗德胤：中间有什么最困难的时候吗？可以举例分享下。

唐亮：当然有。我觉得我们比较注重社区，注重与当地政府进行很好的沟通，从村一级、镇一级到区一级，都得让它们知道我们在做什么，我们能够做什么，而且很多政策我们也要学习，这样才能够得到它们的支持。此外，跟村民进行沟通要表现得非常尊重。现在很多带着资本进入乡村的开发商，可能在尊重社区方面做得还不够，觉得他们带着资本进来就可以开发，并没有关注村民的感受。我觉得大家应该站在一个平等的层面上，要了解村民的文化背景，去体谅和尊重他们的本土文化，在此基础上考虑我们怎么切入，如何才能与村民共同组成一个很和谐的社区，因为我们毕竟是后来者。

罗德胤：我们要想办法去融合。洪金聪算是我的师弟，后来我们不约而同回到乡村，所以有很多的交流。

洪金聪：接着刚才的问题。我们是2013年开始做乡建的，我们把团队的大部分精力都放在了乡村，这几年国家也陆续在提新农村建设，美丽乡村、乡村振兴、乡建工作也不断在发展。在这个过程中，我们发现存在很多变化，不同时期的痛点也不一样。例如，我们在美丽乡村建设时期做了很多硬件建设，政府投入也很大。现在乡村振兴最需要解决的是乡村运营的问题。运营其实可以有很多方面，包括民宿、亲子项目、游学项目等，都需要运营，但是我说的这些是在乡村的运营，跟纯商业化的运营有很大差别，但有些核心是一样的，比如刚才唐老师提到的要有情怀地去做乡村。

乡村运营方面，我觉得应该建立一些良好的机制，这样可以让乡村振兴的过程更顺利，得以可持续发展。从2014年起，从湖北、贵州，到福建，我们持续为乡村发展作点贡献，我们提出了“运营前置”，为政府提供乡村运营。我们依然为政府服务，工作也逐渐从硬件建设方面转到了运营上。

乡村运营需要从多方面着手，一是人，二是产业。关于人，包括村民培训和提升，培养村民的主体性。城镇化过程中，乡村会出现一种新的生产关系，会出现新村民，乡村运营的时候也要考虑如何应对。要实现城市和乡村的对接，我们会与政府合作，与它们联合成立运营公司，在乡村振兴的过程中，政府的角色不可或缺，它们可以调动资源。乡建过程中，很多时候就是因为我们没办法与可以调动资源的力量结合才会有特别多的阻碍。所以，我们的经验就是政府在这个过程中要结合进来，政府可以调动资源，但政府跟村民往往缺乏的是运营的能力，所以这样结合才能做到更有效地运营。

罗德胤：您一直在讲乡村的运营，擅长的东西反而不太在意，痛点在于自己没法掌握的那部分，这是您关注的一点。很早以前还不叫民宿的时候，您就已经在经营了，当时叫什么？

唐亮：我们从2005年进入第一个村子，那时候经营的是几个自己设计改造的老房子，是别墅型的，也可以住，有个西餐厅，还有一个对外开放的工作室。两年之后我们发现了当地的瓦厂，当时还在生产，但是生意没法做，因为在一处会污染环境的地方。但我们经过努力，自己投资和设计，把瓦厂改造成了乡村精品酒店，有营业执照，可以合法经营，目前自己在管理经营，已经经营了九年。

罗德胤：亮点实际上是有一个升级的过程，最早从餐厅切进去，然后规模扩大，做更复杂的业务，这对我们进入乡村工作的人也有一些启发，就是不要一下做得太大太复杂。不过也有一上来就做大的，殷总就是一上来就做大的。

唐亮：对，我们没有那么财大气粗，是一点点小钱慢慢投入，慢慢发展。从美国回来后我在大公司里工作了20年，我把乡村生活作为退休以后的生活，所以更愿意按自己的意愿和一点情怀来做。

可能每个人都在做不同的事情，我的理解是政府是为我们服务的，为人民服务，而你不是为政府服务，但可以向政府提供服务。

罗德胤：对，角色定位要准。下面我们听听殷总的想法。

殷文欢：我们做民宿也是跟随唐老师，我们当时去她那儿考察了项目的运营状况，认为特别好，于是我们也产生了想去尝试、去实现情怀的想法。作为一名处于乡村一线的乡建者，对于党的十九大后乡村的变化，体会还是蛮深的。我觉得党中央还是希望通过文旅来带动乡村的发展，颠覆以前的工业制造。所以，大量中央财政资金涌入乡村，希望做特色小镇、田园综合体、共享农庄，希望吸引更多年轻人返乡，解决老人养老和留守儿童的问题，这是国家战略层面的考虑。因此，我们做了一个“三个五年”的计划，第一个五年是跟随唐老师，我们进入民宿，但靠情怀做了五年，说实话挺痛苦的，这个行业别人看觉得不错，实际自己亲力亲为后会发现没有想象的那么容易。第二个五年我们发展连锁，积极寻找资金，去融资，我们又做了五年，最后发现是亏损的，也不好做。做酒店运营最有价值的是品牌和物业的增值，如果物业不是你的，靠经营的微薄利润去支撑是很困难的。无论是民宿还是酒店，投资人一定是经营人，如果用雇佣的方式，请社会上的人帮忙管理，一是流动性大，二是贯彻不了你的情怀，三是连锁难以形成标准化管理。第三个五年开始做封闭空间，我认为这是一个巨大的商机，既能帮助老百姓脱贫，又能帮他们实现他们想做但很难实现的愿望，与此同时我们也找到了我们的契机，可以发挥我们的优势，目前做了几个都还蛮成功的。2020年底前，中国要彻底消灭贫困县，迄今还有517个贫困县，还是需要我们广大文旅人士进入，我们是个火柴头，怎么点燃乡村，怎么让老百姓参与其中，我们需要扮演好角色。

罗德胤：第三个五年计划，还包括紧密结合党中央乡村振兴政策的部署。

张森华：从2015年开始，我们以众筹的形式切入到民宿和文旅发展中，也遇到了很多问题，从2015年到2018年，民宿和文旅类项目的占比一直在下降，2015年民宿和文旅类项目占100%，2016年占70%，2017年占50%，2018年占20%。其实民宿并不太挣钱，一个原因是社会资本很难进入，这需要国家层面提供更多的支持，包括金融和政策方面的支持。2018年开始，与流转地、产权等结合在一起，很多地方有了集体建设用地，政府资金、银行资金就可以进来支持民宿项目、文旅项目的发展。我相信一旦有了产权，社会资本可以不考虑短期利益的时候，中国还是有土地情结的，拥有40年或50年的土地权，到期了如果还能续的话，很多其他资本都会进来，参与乡村振兴，带动乡村发展。所以，国家金融政策的变化和土地改革，对整个社会发展和进步有着积极的作用。不过可能这也只适合部分区域。真正的民宿产业、文旅的开发，要以扶贫的角度去做，帮助农民改善生活。从扶贫的角度来做，一方面是往产业的方向去发展，鼓励社会资本、长期资本、更低成本的资本进入；另一方面是可以通过民宿、文旅来发展，但以扶贫的方式去做，政府拿出部分财政补贴来做。

罗德胤：要把资源分类，有的适合偏向于市场，走市场的道路，有的可能不太适合走市场。

张森华：我认为大部分区域还是不适合走市场，因为的确没有太大的机会，大趋势还是城市化。

罗德胤：刚才都提到政府的作用很重要，包括这次古村镇大会也是依靠临县政府、碛口镇政府的大力支持，我们来了碛口也要为它作点贡献。我想提一个微观的问题，碛口古镇分西市街、中市街和东市街三部分，还有一个黑龙庙。假如让您在这儿选个点开一个店，不限类型，哪个位置比较好？具有什么功能？

唐亮：碛口古镇让我很震惊，位于黄河边，非常壮观。今天我在东市街发现了一个元代的寺庙，我没有深入看，很可惜寺庙已经没有了，我认为在整体规划下，这里可以是一处。明清时期这里是特别繁华的地方，要恢复当年的风貌，但又不能做成很浅的东西。东边的区域也需要进行很好的梳理，或者殷总可以进来做一个精品酒店？这几天我们都体验了当地的住宿设施，确实不尽如人意，所以我们要很好地引导当地的村民或者是业主，住宿的舒适度也非常重要。我相信如果住得舒适，800元的住宿费很多的游客都是可以负担的，不用卖2000元或3000元，我觉得还是有很大的市场需求的。

罗德胤：是不是可以这么理解，这个地方有一种独特的文化氛围，不像闹市区给人闹哄哄的感觉，容易做出您所擅长的高品质乡村精品酒店的感觉。

唐亮：我觉得每个人在不同阶段对生活的要求、体验和品质等都有不同的感触，比如我跟打卡的小年轻的感受肯定是不一样的。当我看到这个元代寺庙的时候，那种对内心和灵魂的触动很难描述。但我们不能光谈情怀，情怀只是一时的冲动，不能凭着这点情怀就决定做一件大事。

罗德胤：情怀很重要，但又不能光靠情怀，最终还需要调动那些消费者的情怀。

唐亮：对，这就是我们的责任。

罗德胤：不能光解决基本功能问题，那是及格线。金聪，您的选择在哪儿?

洪金聪：如果我选择的话，我比较偏向于路口、停车场或广场附近，交通位置好，可以补充碛口古镇的一些功能，类似游客接待中心，里面应该有展示功能和简单的接待功能，并整体对资源进行盘活和梳理，让它发挥更大的效用。

罗德胤：其实是想要改善游客到场的第一印象，不是直接来了碛口就走到街上，进到店里。殷总，您有没有考虑？我们知道这三处地方的建筑形式是不一样的，东边主要是骆驼店，特别大，比如福顺德，但非常可惜的是文化氛围没做出来，住在其中却感受不到骆驼店的氛围。靠黄河边的大多是粮油店，规模也不小，但主要功能是存放粮食。中间是各种各样的买卖、金融，规模小一点，但可能会更精致一点。殷总，您的选择是?

殷文欢：我觉得我都不用选择，实在太难了，选择物业不是难事，投资也可以解决，但重要的是没有人经营，根据我多年的经验，感觉很难找到合适的人。我们更看好麒麟山庄，位于黄河边，紧邻李家山，它前期投资1.6亿元，完全按现代人的生活来设计安排格局，前期付出很多心血，但最后还差7000万元的资金，我们准备注资进去，也算不虚此行。

罗德胤：那您这趟来得太值了，这对古村镇大会也是一个利好消息，我们成功地促成了一单生意。

唐亮：您还是有选择的，不是没选择。

殷文欢：有选择，来到这里后一直在关注，但我们也希望政府可以再做一些完善，我们再进行注资，并把运营带动起来，这个体量大概300亩，几百间客房，我们去做宣传，我觉得这是更适合的方法。

张森华：如果让我在这里做一个东西，我可能会跟翎芳合作一个Cook School。吃其实是有一个较大流量的事，但现有的就餐环境较差，此外，要让本地人参与到一些美食的创作中，在一个好的环境里，相信本地人的自信心、创造力等会有一个很大的提升。一方面这块投入不大，另一方面本地人可以来参与创造，甚至小朋友们也可以跟父母在一起，受到好环境的熏陶，对他们个人的成长其实是一个非常有价值的事情。所以，我愿意做这样的事情，以此来推动区域的发展。

罗德胤：感谢四位互动嘉宾，生动地讲了他们的经历和对碛口的感受，谢谢各位！

三

专题论坛二：文旅融合

1

『一带一路』之下智慧古镇的未来

斯特凡·哈柯兰德发表演讲

斯特凡·哈柯兰德
（STEFAN HACKLÄNDER）
Five More Minutes公司联合创始人和CEO

我是来自德国的斯特凡·哈柯兰德，我创立的公司叫作Five More Minutes，是一个全球化的新创公司。今天我演讲的主题是"'一带一路'之下智慧古镇的未来"。我们构想了一个到2050年的未来项目，就像中国政府所看到的一样，规划到2050年。作为Five More Minutes的创立人之一，我希望能够在全球各地进行技术融合，传播有意义的创意。我们基于人工智能技术设计出一个平台，可以让世界各地的公司相互牵线搭桥。

我们和微软合作了主题为"Microsoft AI for Earth Grant"的全球性项目，目的是支持在农业、生物多样性、气候变化、水资源领域利用人工智能技术解决可持续发展问题。另外一个项目是关于新型移动设施，这在中国也是一个比较热的话题，包括城市污染问题、新能源车辆问题，都是我们项目的一部分。循环经济也是一个非常热门的话题，我们跟全球经济体、政府合作，基于区块链和人工智能等技术，致力于减少海洋塑料和城市垃圾。比如新型出租车，我们基于人工智能开发的一些软件就能运行无人驾驶的飞行出租车。我们和中国创业公司也有合作。

在项目发展过程中，我们希望能基于新的技术创造新的未来。我们要跟产、学、研合作，来构建以后五到十年的发展概念，这一点非常重要。所以我们要坚持终身学习，建立新学习的平台，学习新的技术，因为我们的世界在不断地更新，每天都有新的话题产生。在座有很多年轻人，我们的项目就是想给你们看一下我们的未来是什么样，会发生什么改变，你们年轻人要为未来的技术做什么准备。比如将会改变我们制造业的3D打印技术、智能工厂等，都是基于智慧系统、人工智能、机器深度学习等。

我们如何跟全球客户一起创造这样的平台？其实我们跟客户是基于2090年来勾画一些愿景，比如和他们畅想2052年或2055年是什么样的等。其中一个例子是我们跟世界各地的人讨论到2090年世界会是什么样，比如2035年有什么样的情况，2035年是不是要离开我们的星球。

那么我们如何去寻找合作伙伴？我们看到世界各地每天都有新创公司出现，所以一定要通过网络去分享知识，让新的技术传播到其他的国家。于是我们和全球各地的合作伙伴分享我们的技术、知识，共同描绘新的愿景。

城市鲁尔谷（Ruhr Valley）是我居住的地方。这个城市转型是在10到15年前，当时它跟碛口古镇的水平差不多，有很多产业正在消失。将一个曾经基于采煤业的古镇转化成一个智慧城镇该做些什么？是采煤业的时代真的结束了？还是我们应该启动一个新的时代，使城市变得智慧并且可以吸引世界各地的游客？

鲁尔谷整体分成不同的小区，像工业区、文化区、购物区等，这种布局对城市来说是一个很好的机会。起初是由一些技术支持城市、村庄、工厂，让它们变得更智慧，带来更多游客，使它们成为具有吸引力的启动项目，然后增加了一些有影响力的营销活动，吸引国内和欧洲其他国家的游客。比如这个老的煤矿升降机，以前它只是一个机器，现在每年有几十万游客来到这里，通过它到地下700米参观多年前人们在地下的采煤活动。

那么对于中国我们可以做些什么？中国是丝绸之路的源头，除了丝绸之路上的中国城市，世界各地还有许多小城市都是丝绸之路的一部分，也是贸易之路的一部分。我们有很多支持政府举措的项目，包括古城、古村落都可以参与到项目中，得到新的发展。对于年轻一代，比如像二十岁、二十五岁的人，我们举行音乐节、蹦极、自行车赛等面向全球年轻人的活动，希望能借这些机会吸引更多的外国人参观我们这些美丽的城市。碛口也可以努力成为一个著名景点，吸引外国人来参观。中国有很多非常有意思的文化，我们外国人也非常感兴趣。比如可以在黄河上开展漂流、划皮筏艇等活动。假如说当地政府没有邀请我在这里发言，我可能没有机会听到碛口这个古镇的名字。所以一定要把碛口古镇的品牌传播出去，让大家知道这是一个非常美的古镇，有很大的潜力。

希望大家可以从我的发言中，了解到我们的愿景，知道我们现在正在做些什么，世界各地是什么样的趋势。也希望我们能跟当地政府合作，能够促进这个古镇的发展，让人们来到这里，使这个地方更具有吸引力。

2

民宿：文旅融合的创新业态、社会责任型产业

张晓军发表演讲

张晓军
中国旅游协会民宿客栈与精品酒店分会会长

刚才我特别想抓拍一个画面，就是嘉宾在上面演讲，中国农村的燕子在这儿飞，这不是一个很好的国际化的交汇点吗？城市的东西和乡村精灵结合在一起，这个画面一定是特别的生动的，完全可能成为本届大会一个很好玩的亮点。特别希望手里拿摄影机、摄像机的朋友们，一会儿把燕子飞到哪儿的画面捕捉下来。

今天，我的题目是“民宿：文旅融合的创新业态、社会责任型产业”，因为民宿不仅仅是文旅融合创新性业态，更重要的是它是一种社会责任型产业。我有三个观点与大家分享。

第一点，民宿被“玩坏了”，我特别的担心。

作为中国旅游协会民宿客栈与精品酒店分会会长，我对行业的健康发展是责无旁贷的。但是最近两年来，参加各种活动，不管是政府的公务还是学界理论研究，不管是企业的投资项目还是一些业内交流，我们看到越来越多的人在打着民宿的旗号干着非民宿的事儿，这个现象足以从根本上破坏民宿产业的健康发展。为了防止不良倾向，今天我的第一个观点是我们要想方设法，不管是通过产学研结合还是其他途径，呼吁民宿回归本质和本源。

为什么说民宿快被玩坏了？大概有三个原因。第一个，我们的思想严重滞后于我们的行动。比如说原国家旅游局出台的行业标准，以及上一周文化和旅游部在浙江湖州举办的行业标准《旅游民宿基本要求与评价》（修订版）第二次培训班中，关于民宿的定义是思想滞后于行动的一个最生动、最直接、最准确的表达。这个行业标准对民宿性质的界定是这样的，民宿就是利用当地闲置资源，民宿主人参与接待，为游客提供体验当地自然、文化与生产生活方式的小型住宿设施。五年前如果我们做民宿的概念界定的话，说民宿是小型住宿设施，这是正确的。因为民宿确实不同于传统的住宿业态，尤其是一种完全不同于传统的星级住宿业态的一种小的、美的、新型的住宿业态。但是五年的实践足以推翻以前的认识，现在的民宿解决的已经不仅仅是住宿问题。

第二个，是思想上的认识误区，很多人跟我讲希望在什么地方搞一家民宿。今天早上我起来看到的第一条短信，就是一个山西朋友跟我推荐，说在碛口古镇附近有多少眼窑洞可以做民宿。这不是偶然现象，有太多的人认为民房或者说是用民房改造的住宿设施就是民宿。毫无疑问，住民宿应该是住在民房里面，不管是城市楼房，还是乡村传统民居，但住在民房里一定是住民宿吗？这是大错特错的。在民房里面开发的不同的住宿业态，在最近五年已经如雨后春笋一般地产生了。而且产生的速度、业态的多样远远超乎我们的想象，所以就造成了认识上的混乱，认为住在民房里就是住民宿。

第三个，太多的商业机构出于商业的目的，打着民宿的旗号做着非民宿的“勾当”。因为民宿受到了消费者热捧，得到了政府关注，也得到我们在座所有朋友的关切，所以，民宿在过去五年，我也相信也许还能够在以后的五年热度不减。正是因为处于这样的“风口浪尖”，敏锐的资本、具有冒险精神的商业才把民宿当成一个非要“捕捉的猎物”。所以我们在实践当中会看到，有太多的商业机构开发了太多所谓的民宿产品。这些民宿产品，我们如果去认真地甄别，就会发现有很多不是民宿。这些实践有的对民宿发展起到助推的良性作用，赋予其正能量，但是也有更多力量把民宿推到悬崖边上，如果我们不小心的话，那么可能会给我们的行业带来灭顶之灾。

第二点，怎样才能力挽狂澜，让我们的行业、我们的民宿回到健康的轨道上？

到底什么是民宿？毫无疑问，住民宿应该是住在民房里，但是我们也不能排斥在新型建筑、新增建筑里产生的那些民宿业态。所以我想对这一块应该采取一种开放包容的态度。民宿的主体是民房，但是要允许新型住宿设施出现，比如说树屋、帐篷等其他的建筑也可以用来搞民宿。但即使如此，就是民宿的全部吗？绝对不是。所以根据我刚才讲的第一个企图，我想关于民宿应该是“住+N”。

首先必须要有住宿服务、住宿产品、住宿设施。但是只有“住”不行，还要有“N”。N是什么？基于住宿丰富生活和体验。八年前在山东省旅游局旅游务虚研讨会上，我提出中国乡村旅游应该分成四个阶段，最后一个阶段应该是乡村生活。根据我的观察，民宿是承载和表达乡村生活的最好的业态。这种生活实际上就是“住+N”。真正的民宿魅力不来源于住宿，而来源于后边的“N”，来源于无穷无尽的富有魅力的生活方式。所以我跟大家分享的第一个观点是民宿应该是“住+N”的综合性、创新性文化旅游产品。

我认为民宿是拯救中国传统村落的最佳出路。不管是古村镇还是传统村落，保护永远是基础，永远是关键，而对于利用，毫无疑问已经达成共识。民宿有一个非常不同于其他业态或者是行业的属性，在于民宿人是一群非常特殊的人。民宿人最初不懂商业甚至看不起商业。最初民宿人由两类构成。第一类是设计师，当他们的设计理念在城市得不到施展的时候，当他们发现乡村振兴、乡村建设需要设计的时候，他们就到了乡村，把自己的专业，自己对于乡村的理解，通过自己的民宿产品表达出来。第二类是媒体人。所以这两类城市精英离开城市，到了村里，通过民宿这样一种全新的载体，既表达了他们对乡村生活的理解，同时又表达了他们对乡村文化的敬畏；既表达了自己对提高生活品质的向往，同时又乐于把自己的生活跟他人分享；既自己关起院门来过幸福的日子，同时又愿意敞开院门带着全村人一起改变村庄面貌，改变村民意识。所以这样一群可爱的人，是不同于其他行业的人的，他们是有情怀的，所以到今天为止我们依然能够听到民宿圈里还在讲“情怀”二字。正因为有情怀，所以才把“看得见山，望得见水，记得住乡愁”作为民宿设计、建造、开发、运营、管理的一个根本性指导思想。

同时民宿对传统村落的利用是有限度的利用。因为民宿人知道，如果没有传统村落保护，民宿就失去了文化根基和建筑载体。所以我们可以看到所有真正懂民宿的民宿人，对他们的院落的再利用、修复，一定是小心翼翼的。哪怕是在院子里增加一个临时性的帐篷式建筑，也要仔细地研究位置，仔细地研究款式，仔细地选择颜色。所以民宿对于传统村落的理解，对于传统村落的保护和应用，是骨子里就具有的基因，而并不是一种商业。民宿人更明白，如果只有情怀没有商业，民宿是不可持续的。民宿人现在终于开始敢于谈商业，敢于讲经营，而且追求把自己的民宿生意打理得更好，但是他们是反对过度商业化的。在中国的传统村落和历史文化名村的保护和开发过程中，我们不希望看到传统村落和历史文化名村过度商业化，因为过度商业化就必然意味着原有地域文化的丧失。所以民宿人不管从自己的小日子，还是从自己的小生意，不管是从自己的小商业，还是从整个村落的大的氛围来讲，他们是希望保护好，并且有限度地利用好民宿的。

最后一点，民宿与碛口古镇到底是什么关系。

对这个关系的推论实际上完全可以佐证我的第二个观点，就是民宿是传统村落保护的最佳出口。乡村旅游毫无疑问是传统村落利用的一个好的产业。但是我们要什么样的乡村旅游发展阶段、什么样的乡村旅游产品业态、什么样的乡村旅游的品质和细节呢？令我们不安的是，在文旅融合的大时代，各路资本都在疯狂进军文旅产业，而进军的首要或者是非常重要的一个开发方向就是我们的古村、古镇、古街、古寨，相信马上就会轮到古道。这种开发给我们带来了资本的缓解，但是我们也看到很多的资本进入之初姿态低，最后反映到业态上就是品质很低。我们发现那些应该淘汰的低端产能，在大规模地随着低端资本疯狂抢占和侵蚀我们宝贵的古村资源。古村空间有限，但建筑是有数的，太多的传统住宿业态以民宿的形式占领了我们的空间。

碛口古镇这样宝贵的空间，应该给谁用？个人观点应该给高品质、高端产品使用。要给民宿而不是客栈，更不是已经应该被淘汰掉的、完全低端的普通住宿产品。因此，我最后的观点是如此宝贵稀缺，具有极高文物、文化和市场价值的古村，绝对不能再让那些低端资本，以低端的业态侵占。

民宿不是万能的，但是在当下它可能是最好的，所以感谢朋友们对民宿的关注。民宿是一种很小的、小小的创新型文化旅游产品，但是随着时间的推移，我相信我们可以为民宿带来更多的内涵，可以让它产生更大的价值。

3

逝去的繁荣：晋蒙粮油故道与碛口

张世满发表演讲

张世满
山西大学历史文化学院教授、博士生导师

我今天讲的晋蒙粮油故道是区域性的，从清代到民国年间，在山西到内蒙古区域是非常重要的一条商道，尤其我们在碛口讲这一条商道更有意义。碛口之所以能够兴起，之所以能够繁荣，完全由这条商道造就，否则就不会有碛口。正因为如此，这一条商道衰落时碛口也就衰落了，所以在这里讲这条商道非常有意义。我今天演讲的题目就是“逝去的繁荣：晋蒙粮油故道与碛口”。

我主要讲五个方面内容：一是晋蒙粮油故道的命名，二是晋蒙粮油故道的时空范围与特点，三是晋蒙粮油故道兴起与繁荣的背景，四是主要商品来源及其运销，五是晋蒙粮油故道衰落的原因。

这条商道如果从水路来讲，以内蒙西部磴口为起点，顺着黄河一直往东，经过内蒙古进入山西一直到碛口，水路运输结束，然后上陆路，骆驼把东西运到吕梁山进入太原。水路1100多公里，陆路山西一段200多公里，加起来1300多公里。在到磴口之前还有一段陆路专门运盐，大概100多公里，就是这样一条商道。

第一点先讲这条商道的命名。

重要历史事件或者历史界限发生以后，它的命名一般有两种情况。一种情况是在当时或者发生后不久，就给取了名。另一种是什么？发生以后一直没有命名。直到后来，研究这些现象的人给它起名。晋蒙粮油故道命名是属于后一种情况，在它存在的两百多年里，以及它衰落后的七八十年里，一直没有人给它起过名字。直到我十几年前开始研究这个专题时才想到，我们研究它就需要先给它取名。当然起名字肯定要有依据，不能随便命名。我给它取名为晋蒙粮油故道，也是根据当时的一些重要史料，比如乾隆年间《孝义县志》、光绪年间《山西通志》、民国年间《绥远通志稿》，从上述史料中可以清晰地看到，从乾隆年间到民国时期，有一条商路将晋蒙两地连通，其主道始于磴口，沿黄河而至碛口，上岸后经离石到汾阳，再到太原，商路上由蒙入晋的货物以粮油、盐、碱、甘草为多。

“晋蒙”说明了这条商道的空间概念——内蒙古中西部到山西，“粮油”是商道上的主要商品，“故道”一词较好表达了这条商道的时间属性——是一条不太遥远的过去曾经存在过的商道，所以叫作“晋蒙粮油故道”。

第二点我们来了解一下这条商道的时空范围和特点。

先说时间概念，商道的兴起从时间上来看经历了一个过程。这条商道早在康熙年间就已经部分开通。康熙三十六年（1697年），康熙皇帝谕大学士伊桑阿“将湖滩河朔积贮米或五千石顺流而下（运）至保德州”。基本可以断定伊桑阿落实了康熙帝的御旨。这样，黄河托县河口至保德州的水路在康熙中后期已经开通。另据光绪时期《永宁州志》记载：“康熙年间，岁大祲，三锡恻然隐忧，因念北口为产谷之区，且傍大河，转运匪难，遂出己赀于碛口招商设肆，由是舟楫胥至，粮果云集，居民得就市，无殍饿之虞，三锡之力也。”根据陈三锡的生卒年代（1685—1758年）推断，这件事应该发生在康熙晚期。也就是说，在康熙晚期，黄河内蒙古河口至山西碛口水路已经开通。到乾隆年间，这条商道实现了全线贯通。乾隆八年（1743年），山西巡抚刘于义就筹划将口外之米以牛皮混沌运入内地之事所上奏折称：“归化城、托克托城等处，离太原千有余里，若以陆路转运，车骡雇价为费甚多，运到内地已与市价相去无几，有商人造船载运，因黄河之水建瓴而来，河中又多沙碛湍急，运米之船只能顺水而下，不能复逆流而上。”因此，刘于义“于保德州买米三十八仓石，令装入混沌试运，不过四日，已至于永宁州碛口地方。陆运至汾州，每石较市价可减银四钱；陆运至太原，每石较市价可减银二钱”。结合吉兰泰盐于乾隆五十一年（1786年）准水陆并运，以及前引《孝义县志》中关于“蒙粮晋用”的记载，由旧磴口到碛口再到汾阳、太原这1300多公里的晋蒙商道全线开通。

就晋蒙粮油故道所涵盖的空间范围来说，水路始于内蒙古自治区西部阿拉善左旗的旧磴口黄河码头，沿黄河而下，经磴口县、临河市（现为临河区）、杭锦旗、五原县、乌拉特前旗、包头市、达拉特旗、土默特右旗、托克托县、准格尔旗、清水河县进入山西，经偏关县、河曲县、保德县、兴县至临县碛口码头；与其衔接的陆路始于碛口，主道经南沟、离石、吴城，翻黄栌岭到汾阳，再经文水、交城、清徐到太原。黄河水路长约1120公里，山西境内陆路长约240公里，水陆总计约1360公里。

特定时空范围内的晋蒙粮油故道，所处的特殊自然条件和社会背景赋予了其几个显著特点。

第一个特点，这是一条季节性商道。由于这条商道涉及黄河上游和中游1100多公里的黄河水路，这一地带冬季相对较冷，进入冬天黄河就会结冰，航运就要停止，要等到来年春天河开冰化之后才能复航。以河曲段黄河为例，"11月开始流凌，11月下旬至12月上旬封冻，封冻期长达4个月，次年3月中旬至下旬解冻"。这样算来，每年只有不到7个月的时间可以航行。也就是说，这条水上商路一年有四五个月的冬歇期。另外，黄河中游每逢伏天，都会发生伏汛（洪水），对船筏的威胁较大，黄河上的航运也会明显减少。冬歇期加上伏天淡季，晋蒙粮油故道每年要有五六个月的歇业期，真正的有效营运时间大约六七个月。

第二个特点，这条商道是单行单向商道，黄河从源头到入海口落差为4480米，其中近4400米落差集中在上中游，与粮油故道关系最密切的河口至碛口440多公里河段海拔高度由989米降为657米，平均比降为7.5‰。而且，晋陕峡谷的黄河河道总体上比较狭窄，水流湍急，加之这段黄河有许多"碛"，给航行带来很大困难。如果想逆流而上，那就更困难了。从碛口至河曲将近300公里的河段上行之船极少。河曲至河口，木船勉强可以由纤夫拉着逆行，但一般不能重载，仅可以捎带一些质地较轻的"贵重货"。因此，晋蒙粮油故道基本是一条由上游顺流而下的单向商路。

第三个特点，这是一条区域性商道。今天看来，这条商道沟通的是山西中北部与内蒙古中西部，但在当时内蒙古中部亦称绥远地区，而绥远地区行政区划又与山西有着非常紧密的联系。雍正元年（1723年），设置归化城理事同知，隶属于山西大同府，后改隶朔平府。由此开启了山西巡抚管理绥远地区的先例。乾隆六年（1741年），“设置山西总理旗民蒙古事务分巡归绥道”，改归化城理事同知为归化城直隶厅，标志着这一地区成为山西省的一个有机组成部分。到乾隆二十五年（1760年），清政府又在绥远地区陆续改设了萨拉齐、清水河、托克托等六厅，与归化城厅一道形成隶属于山西省的口外七厅。晋蒙粮油故道主要是从以上诸厅向山西输出商品粮油等货物，所以，在很大程度上这条商道又具有山西境内“口里”与“口外”通商的性质。

第四个特点，这是一条发展变化不均衡的商道，主要表现在以下三方面：一是吉兰泰盐的黄河水运并非经常性的，只有在清政府特许的情况下才能运输，否则是不能水运的。二是粮食运输和山西中北部的收成好坏密切相关。如果是丰年，蒙粮内运必然不会太多；如果是灾年，特别是较严重的歉收，运量就会增加，尤其是当政府出面采购赈灾粮的时候，内运的粮食会更多。三是以甘草为主的中草药材内运主要集中在中后期，道光时期后才渐渐多了起来，至光绪时期及民国年间运量达到高峰。

第三点是这条商道兴起和繁荣的背景。

晋蒙粮油故道的兴起是与清朝对蒙古地区的有效统治和大力开发密不可分的。在中国历史上，北疆边患令历代中原王朝苦恼。两汉苦于匈奴之扰；隋唐困于突厥之患；宋朝深受契丹之害；到了明朝，蒙古一直是心腹之痛。清朝取代明朝统一中国，成功地将蒙古民族置于中央管辖之下，开创了对北部边疆民族地区统治的新局面。清政府非常重视对蒙古地区的治理，在中央设理藩院，专管蒙古事务。在蒙古地区实行盟旗制度，在漠南、漠北和漠西蒙古共设18盟197旗。旗内实行丁佐制，设佐领管理。盟旗制度使蒙古社会得到有效管理。同时，清政府在蒙古地区还设立将军、都统、大臣等，代表中央对所辖盟旗实行监督与控制。这些措施保证了中央政府对蒙古的有效统治，为蒙古地区的社会稳定，为蒙古地区的经济大开发创造了条件。

清代前期绥远地区大规模的农业开垦是与西北用兵有直接关系的。清初，虽然统一了漠南、漠北蒙古，但未能统一漠西卫拉特蒙古。康熙中期，准噶尔部兼并了卫拉特蒙古各部，逐步控制了天山南北的广阔地区，建立了准噶尔贵族的封建统治，与清王朝对峙。为了边疆的安宁，清政府与准噶尔部封建主噶尔丹进行了坚决的斗争。康熙皇帝曾三次统大军亲征，以平定噶尔丹叛乱。雍正皇帝、乾隆皇帝继续推行平定西北边疆的大政方针。到乾隆二十四年（1759年），清军取得了平定漠西蒙古的最后胜利，结束了西北地区长期以来的分裂局面。为了应付长时间的西北用兵，清政府在蒙古和新疆地区实行了较大规模的屯垦，发展农业以解决军队的粮草给养问题。

蒙古地区介于清朝腹地与准噶尔之间，既是京师西进的前哨，又是西北用兵的后方，战略地位十分重要。因此清政府将大量军队集结在蒙古地区。为了供应驻军所需军粮，清政府拉开了在归化城土默特大规模开垦农田的序幕。从康熙中期开始，清政府在“庄头地”“公主府地”“大粮地”“马厂地”等多种名义下率先在土默川开放土地，发展农耕。更大规模的农业开垦始于雍正及乾隆初期。

到乾隆初年，归化城土默特一带的农田得以大量开垦，土默特平原基本完成从牧区向农区的转化，成为重要的产粮区。早在雍正初年，归化城土默特地区遇到好年景，粮食丰收，米价已经很贱。到乾隆年间，这一带就有“塞外江南”之誉，所产粮食不仅可以接济附近各盟旗，而且还可以运到外蒙古和山西、陕西等地方。“山陕民人每年出口租种蒙古土地，秋收获粮最多”，“归化城五厅地方，土肥田广，粮裕价贱。如购买积贮，内地遇有需要，可就近拨济”。

正是在归化城土默特地区农业垦殖长足发展、粮食自给有余的大背景下，地瘠民贫、粮食长期不能自给，且毗连内蒙古的山西北中部成为蒙粮外销的主要潜在市场。晋蒙粮油商道兴起在所必然。

晋蒙粮油故道走向繁荣是以后套地区的农业大开发为条件的。后套也就是狭义的河套，东界乌拉山，北邻狼山，南达黄河北岸，西接宁夏平原，大致相当于今天内蒙古的乌拉特前旗西部、五原、临河、杭锦后旗，为黄河冲积平原，地势平坦，沃野千里，发展农业生产条件较好。后套地区的零星农业开发清初已始，但大规模的水利设施兴建和大面积的农田开垦发生在清代中后期道光至光绪年间。道光初年，商号财东甄玉、魏羊共同集资招募流民，开挖“缠金渠”，后套地区开渠引水、广为垦殖的大开发帷幕由此拉开。此后，各大干渠陆续开挖。到同治、光绪年间，后套八大干渠开挖在王同春（1851—1925年）等地商的努力下最终完成，同时还开浚了数十道次干渠，后套地区形成了河水“中间交互回注，枝渠极多”的灌溉网。后套地区黄河水利的大开发，导致了农业的迅速发展，所产粮食不仅可以满足本地需要，而且可供外运的余粮越来越多，后套地区从而逐渐取代土默川平原成为晋蒙粮油故道主要的货源地，进而促成晋蒙粮油故道的商贸走向繁荣。

内蒙古中西部的开发又是和山西人“走西口”紧密联系在一起的。农业开发需要大量的劳动力，以山西北中部农民为主的“走西口”群体是土默川平原、后套平原开发的主力。山西地处黄土高原，晋西北吕梁山区和晋北塞外，大部分地区山多田少，土地贫瘠，干旱少雨，风沙弥漫，气候寒冷，无霜期短，农业生产条件较差，粮食种植产量低且没有保障，单位土地面积所能承载的人口数量十分有限。而山西北中部的人口从明代后期以来自然增长维持在一个较高的水平，人口总量在逐渐增加。但是，由于生产方式依旧，生产力水平没有明显提高，耕地面积不能有效增加，人地矛盾渐渐突出，人口压力日益显露，尤其是遇到连年自然灾害，饥馑在所难免，许多老百姓的生活难以维持。于是，背井离乡的“逃荒”、移民便成为求生和改善生存条件的出路。清代山西北中部众多民人“走西口”，正是对这种情况的集中反映和真实写照。

清代，走西口现象几乎贯穿始终，大致可分成康熙至乾隆年间、嘉庆至同治年间、光绪至民国年间三个阶段。走西口的目的地大体上是由近及远、由东而西，渐次推进。第一阶段走西口的主要目的地是归化城土默特地区，第二、第三阶段则主要是包头、后套及西套。第一阶段走西口者以春去秋回的“雁行客”为主，长期移居者还不是很多；第二、第三阶段“雁行客”依然不少，同时移民定居者渐趋增多。正是往来于长城内外的“雁行客”和移居到内蒙古中西部的内地人的辛勤劳作和开拓进取，使这里由人烟稀少的荒野逐渐变成有大量剩余粮食和油料可以输往山西等周边缺粮地区的“塞外粮仓”，“黄河百害，唯一富套”的景象也是从这时开始，这里进而成为“晋蒙粮油故道”主要的商品生产基地。

完全可以这么讲，没有历时两百多年的山西人走西口，就没有内蒙古中西部的大开发，也就不会出现“晋蒙粮油故道”，是走西口大军间接创造了这条商道。

第四点是主要商品来源及其运销。

晋蒙粮油故道主要的商品是粮油、盐、碱和甘草，其中又以粮油为最大宗。

粮油是人民最最不可短缺的生命之需。口外粮食的盈余，山西粮食的短缺，是商道开通的根本原因。粮食品种主要是糜黍、谷子、高粱、豆类及大小麦等，油料主要是胡麻、白麻籽。前期主要是归化地区的粮食内运，粮食来源主要有四：其一是清政府“十三官庄”圈占的“庄头地”，其二是马厂地，其三是蒙古士兵的户口地，其四是“大粮地”。中后期以后套地区的粮油内运为主。粮食来源主要是地商所开垦的大片良田。后套平原的开发不同于土默川平原在多种名义下的政府放垦，主要由地商从蒙古贵族那里租地雇人私垦；而且，后套农业发展是与渠道开挖紧密关联的，农田以水浇地为主。因此，后套粮食除了供本地人口食用，尚有大量余粮可供外销，这无疑是晋蒙粮油故道上最主要的粮油来源。不论是土默特平原还是后套平原，运销山西的粮油都经黄河水路，粮油平时以商人贩运为主，逢山西大灾年，官方雇用的粮食采运船数量可观。自然，粮油是商道运输的最主要货物。

盐、碱是晋蒙粮油故道上的第二类商品。两者都是人们日常生活的必需品，其中食盐更是饮食当中既不能缺少也无可替代的东西，事关民众的健康和社会的正常运行。山西历来都是产盐重地，明清时期河东（运城）盐池所产之盐，运销山西、河南、陕西等省。但山西地形狭长，南北相去千余里，河东盐池位于晋省南端，运销晋北多有不便。而内蒙古地区与山西北部接壤，乌兰察布盟（现为乌兰察布市）、伊克昭盟（现为鄂尔多斯市）、阿拉善盟均有盐池分布，所产之盐通过水路、陆路运销山西都比较方便。所以，有清一代，以鄂尔多斯盐、苏尼特盐为主的蒙盐和以吉兰泰盐为主的阿盐，是晋北乃至晋中食盐的一个重要来源。吉兰泰盐池尽管距离山西腹地较远，但因其产量最多，盐质又好，可以通过黄河水路运销，是晋蒙粮油故道上主要的食盐货源。

碱尽管也是日常生活的必需品，但重要程度和稀缺程度均远不如盐，因此碱不像盐那样受国家管制，任凭民间自由运销。

以甘草为主的中药材是粮油故道上的第三类商品。内蒙古西部特殊的自然环境造就了一些特殊种类的宝贵中草药资源，药材品种有甘草、锁阳、苁蓉、枸杞、防风等四十余种。其中尤以甘草生长范围最广，是最大宗的中药材品种，产地主要集中在内蒙古自治区的阿拉善左旗、阿拉善右旗、鄂托克旗、杭锦旗、达拉特旗、准格尔旗、乌拉特前旗。早在康熙、乾隆时期，甘草采挖贩运已经存在，但是总体来看，规模不大，产量有限，还构不成粮油故道上的大宗商品。从嘉庆、道光年间开始，甘草作为重要商品开始在市场上交易。同治、光绪年间至20世纪30年代，甘草采挖范围越来越大，产量相当可观，运销当时大半个中国，并出口国外，自然成为粮油故道上重要的商品。

最后一点讲晋蒙粮油故道衰落的原因。

商道衰落的原因，首先是由于铁路、公路运输具有速度快、运量大、效率高的优势，晋蒙粮油故道传统的水陆运输方式受到致命打击。内蒙古及西北地区销往山西的各类商品越来越多地通过铁路与公路来运输，即先从包头装火车，运到大同后再转换公路（后来又有铁路），运销晋北、晋中、太原乃至晋南、晋东南等地。晋蒙粮油故道变得仅仅对黄河沿岸地区尚有一些价值，对晋中、太原、晋南等三晋腹地已经失去意义。所以，其货物运销量必然越来越少。这一点是晋蒙粮油故道衰落的最主要原因，也表明传统运输方式逐渐被新型现代运输方式取代的必然性。其次是货源地农业经济状况的影响。从商品供求关系来看，晋蒙粮油故道的衰落并不是因为山西粮食已经能够自给，而是因为货源地区的粮食生产出了问题。自1926年起，绥远省连旱四年，“天灾人祸，靡岁不臻，地力日竭，收益日歉，求过于供，粮价昂贵，生计艰难”。据国民政府赈务处1929年统计，绥远全省灾民达149.8万人，大批返回“口内”原籍。由于粮油故道的粮源之地遭此四年连灾，粮食连本地食用都不敷，而且粮价大涨，以致政府不得不对粮食实行管制与配给。再次是频繁的兵匪战乱造成的破坏。经济的正常发展需要有安定的社会环境。然而，民国以来，军阀混战不断，社会极不太平。处于边疆的绥远地区，除了遭受军阀统治带来的兵灾，还要承受比其他地区更为严重的匪患。1914年，北洋军阀政府设绥远特别区，绥远将军改称都统。至1928年国民政府下达改省令，14年间绥远经历了8任都统，每任平均不到两年。分属军阀各派系的都统走马灯似地换人，遭殃的是地方百姓。比兵灾更为可怕的是匪患。民国以来整个绥远地区一直为匪患所困扰。据《绥远通志稿》记载，民国期间二十几年中，绥远地区的著名匪首即有265人。仅活动在绥包一带有名气的土匪就有30多股。土匪打家劫舍，杀人越货，绑票索财，出没无定，对社会秩序、经济发展影响极坏。

最后商道终止是因为日本人，1937年7月7日日本侵略军由北平大举南侵，粮油故道所在的山西、绥远地区首当其冲。日本侵略军先是占领河口，随后在1937年10月17日占领包头。1938年2月28日侵占河曲、保德，1938—1942年八次扫荡碛口镇。1937年占领水冶和包头，也占领碛口，这一条商道就彻底中断了。

4

海牙市中心的前世今生——城市居住质量对游客和居民的巨大好处

汉斯·德茨发表演讲

汉斯·德茨（Hans Doets）
荷兰海牙城市推广局对外联络及中国市场营销主管

很荣幸参加这个会议。首先我介绍下自己。我今年66岁，生活在代尔夫特，于1972年就读于代尔夫特理工大学（Technische Universiteit Delft），之后在城市规划研究局工作；1978年到2002年这二十多年我都在海牙市政府城市发展与政府住房部门工作；2002年后我到了经济部门，主要做中小企业的经济政策和营销，以及旅游方面的工作；2008年至今，我在海牙城市推广局做对外联络及中国市场营销主管。我今天的演讲主要是通过荷兰海牙市的发展历史，介绍下它是如何满足游客需求的，以及分享一些我对城市和旅游的理解。

今天的演讲主要分以下几个方面：自1300年起，海牙的历史性发展，海牙与阿姆斯特之间的关系，海牙的皇家之城、文化之城、基础法律、组织结构，今日的海牙，海牙的游客群体，海牙历史城市中心的利益与旅游。

首先我们回顾下海牙的历史。1300年前，海牙内阁是给骑士的一个大厅，到了1600年，海牙城已经变得和现在很像。1600年的时候，大概有1.2万人生活在海牙这个城市。19世纪末，海牙大概有17万居民，那时它已经成为一个真正的城市。从1914年到1945年，我们有超过20万的居民，很多德国人也来到海牙。“二战”结束之后，城市居民增长迅速，海牙一共有44万居民。现在大概有53万居民生活在海牙，现在海牙有25万个家庭，但每个家庭规模已经降低到了2.1个人，家庭的人数越来越少了。

海牙是在海边的一个皇家城市，同时也是一个和平与正义的城市。欢迎大家来海牙，在海滩上享受一下新鲜空气，冲浪，享受日落，来到市中心看有百年历史的老城，进行购物、休闲！

下面讲讲海牙跟阿姆斯特丹的最大区别。阿姆斯特丹是荷兰的首都，但我们的政府所在地是海牙，在荷兰，政府所在地与首都是分开的。历史上阿姆斯特丹是一个贸易和商业中心，所以国家决定将首都继续留在阿姆斯特丹，把政府中心放到海牙，让阿姆斯特丹可以有更多自由。

海牙也被称为“皇家城市”，从19世纪到20世纪，前前后后有很多国王和王后都在这里生活过，国王威廉·亚历山大和女王及三个女儿，也在这里的城堡生活。不过我们国家真正的主宰者是议会，我们的国王是一个非常有智慧的人，他的智慧会对议会产生影响，议会结果通过地方法律和政策来落实实施。

海牙有非常丰富的文化，那里经常会有一些世界著名的音乐盛会，也有一些著名的油画家住在海牙，有很多作品是关于海牙的城市风貌的。

接下来是我们的法律基础。在荷兰，对古镇的保护我们有相关的法律法规，从国家级、省级到市级。国家级是一个总的法律框架，省市级的法律法规会有具体化的举措，这些也会体现在规划上面。国家的法律和当地条例，可以让我们规范相关的项目，但钱仍然很重要，必须有钱才能开始这样的项目。所以项目资金不仅来自于政府，也可以来自于其他渠道，如本地居民、商业公司等。

下面举一些例子，海牙有几个重要的里程碑式的建筑物，在相关的城市规划里，这些区域会有特殊的标注，表明这个生活区域需要遵守特定的法律法规。海牙莫里茨皇家美术馆，建于17世纪，1821年开始成为一个博物馆，保存有一些非常著名的艺术作品。1558年建努尔登堡宫，以前叫作老院子，现在是国王的办公室，每年的9月3日，国王会站在阳台上接受民众瞻仰。李鸿章大酒店烧毁后于1887年重新建成使用，因李鸿章曾经在这里住过而得名。“女王店”商场于1906年建成，是海牙最大的购物中心。德斯因德斯酒店是在1858年时建成的，大概有80个房间，它的名字是借用一个印度酒店的名字，希望可以因此吸引印度游客。此外，1835年建立的海牙市博物馆也是荷兰非常重要的建筑物，在这里可以看到在海牙中心的新纪念馆。最后想要介绍的一个建筑是1859年建的前美国大使馆，它是由一位著名建筑师设计的，虽然是非常年轻的建筑，但它依然可以成为一个里程碑式的建筑物。

之所以向大家介绍海牙，是因为我觉得我们要足够了解这个城市，才能知道它的特点，知道这个城市能给游客带来一种什么样的体验，我们认为海牙是一个海上城市、皇家城市，也是一个和平和司法正义的城市。在海牙有很多可以休闲的地方，可以去博物馆，可以看19世纪的夜景，可以坐这里的老爷车，去品尝独特的美食、啤酒，等等，这些都是海牙的特色。它是一个非常舒适的城市，有好的绿化，不大但不拥挤，在那里可以做很多事情。荷兰是一个非常小的国家，来到海牙的海峡就可以看到整个荷兰。海牙交通便捷，距离阿姆斯特丹机场只有30分钟车程，距离其他地方也非常近。

最后，我想和大家谈一谈文化传承的重要性。文化传承是一个国家的身份，一个城市的中心，对海牙来说文化的传承非常重要。来这里的50%的游客会认为海牙是一个历史名城，他们主要是来看我们的纪念碑，因此，纪念碑为我们带来了巨大的经济效益。2018年的数据显示，海牙共接待3亿多游客，800多万次的夜间停留，创造的收入是22亿欧元，海牙28万的就业人口中，其中很大一部分在旅游业。旅游业给中低收入人群创造了很多就业机会。对文化传承的管理非常重要，创造这些建筑的决策者、城市规划者和文化遗产保护者，对我们的文化遗产保护都有非常大的影响力，包括一些石匠、木匠还有玻璃匠等，都是我们城市中非常重要的元素。

我们的政府中心是海牙最老的建筑，将于2020年到2025年进行总体修缮。修缮政府中心，可以想象会涉及很多方面的专家，现在房子存在各种各样的问题，漏水，墙发霉，水电管道也有问题，设施也已过时。出于安全考虑，我们需要进行修缮，维修总预算约2.5亿欧元，这期间政府必须找到其他地方办公。像我之前说的，文化传承对居民和参观者来说都非常重要，可以让当地居民找到跟文化保护有关的工作，也可以提高这个城市的素质，让这些居民觉得非常幸福，他们愿意住在这里，能够找到自己福祉。

最后是希望大家能到海牙看一看。这次我来参会的三天时间，看了很多地方，品尝了很多美食，走进很多古建筑，有着很好的体验，所以我想把一个地方变成旅游地，首先要进行合作，不要单打独斗，要试着跟邻居或其他地方进行合作。旅游者来到这个区域的同时可能也会去周围不同的地方看看，也可能会有合作。同时，要了解我们的目标人群。进行营销时，比如海牙，不要直接针对荷兰或者美国的游客，要针对周边区域的人群。因为你周围的人可能一年不是来一次，他们可能来五次。我们要想一想能够给目标群体提供什么，进一步把它发展成一个旅游城市。现代城市的节奏越来越快，所以文化遗产也可以给城市里的这些居民提供一些休息和安静之地，因为这也是现代居民所需要的，所以我觉得文化遗址也可以在这方面作出一定的贡献。

5

文旅融合与乡村振兴

孙小荣发表演讲

孙小荣
中国旅游改革发展咨询委员会委员，
西北师范大学旅游学院硕士生导师

大家下午好，非常荣幸参加这个论坛。在文旅融合的大背景下，我们需要更多地思考什么是文化，什么是旅游，甚至要重新定义文化旅游的概念。基于此，我先分享几个观点，我认为文化旅游存在三个误区。

第一个误区，是认为文化旅游是旅游的唯一形态。文化旅游只是旅游的形态之一，不能以偏概全。但是我们当下的政策语境、媒体舆论或者各个活动当中都会提文旅融合的概念，过于频繁提及可能会以偏概全，影响其他旅游形态发展，比如生态旅游、商务旅游、农业旅游等。

第二个误区，是我们一直说旅游是差异性体验。但是这样吗？如果把旅游放入文化范畴可能也存在一定的异议。比如进行乡村旅游，我们是为了追寻过去的一种生活方式或者为了找寻对过去的记忆，乡村旅游实际是追求怀旧情感。这也就意味着体验以前我们熟悉的、了解的过去的生活场景或者乡愁。像读书一样，如果说我们跨专业读书，让文科生读理工科的书是完全陌生的，可能连一页也看不下去。因此，旅游不存在绝对的差异，大多数是探寻和体验已知的未知，对这个地方了解一点，带着对已知的探究欲望，寻求体验和实证。还有就是文化旅游时代会有更多的文化休闲，尤其是对于本地的人来说，文化休闲更多时候是在自己熟悉的生活圈产生消费体验。因此，旅游不仅仅是体验文化差异，还有熟悉的怀旧。

第三个误区，是认为文化旅游一定跟游客的文化素养相关。为什么？不是所有的旅游者都具备文化欣赏跟文化鉴赏的审美能力。是不是文化旅游，能不能给游客带来他所需要的体验，不完全取决于游客的文化修养和审美情趣。因此，不是所有的游客都追求文化，旅游应该满足多层次消费的多元需求。以上三个问题，是我最近思考的，也希望能够跟大家进行讨论和交流。

文化的范畴很大，往大了说可以是整个世界演变的积累或者某一个社会、国家、民族社会发展形态的演变，宏大而且抽象。往小了说可以具体到一个工具、一个符号、一个器物。比如一把镰刀代表的农耕文明和镰刀的主人不为人知的故事，这也叫作文化。文化的作用是什么？我认为它就是人类发展过程当中的一种秩序感。我们发明工具是为耕作、劳动、生产保持一种秩序，比如秦始皇当年为什么要书同文，车同轨？是为了构建社会秩序。整个社会怎么运转？是在特定历史地理背景下形成特定的风土人情、传统习俗和生活方式，形成固定或者特定的规范、规制、规定。在这一个框架之内文化起到黏合、价值认同、行为规范等作用。只有在文化层面达到一致认同，这个社会才能正常运转。

那么何为文化？比如说这几年流行一个段子，叫“什么是文化？”说“文化”可以总结为四句话：植根于内心的修养，无需提醒的自觉，以约束为前提的自由，为别人着想的善良。这是对一个人文化修养的至高定义，这种文化首先得附着在一个有“修养”的人身上，但能够满足这四个条件的文化人凤毛麟角。那么，如何将这种高超的文化，以旅游产品的形态表现出来？

再比如说，宋代大儒张载的“横渠四句”——为天地立心，为生民立命，为往圣继绝学，为万世开太平，以及儒家文化“修身齐家治国平天下”的成仁之道，《左传》中立德、立言、立功“三不朽”，都是中国文化精神的精髓，也是中国传统读书人毕生追求的终极目标。如何将这些文化和文化精神，以旅游产品的方式呈现出来？

所以根本是我们要给文化找到旅游载体，让文化实现物化。旅游首先追求我能够看见，可见、可知、可触摸以及可感知。如果没有具象可辨识，没有具体的产品，旅游只是一个故事。故事也是旅游当中不可或缺的重要元素，但这样就够了吗？其实仅有故事还不够，还需要更具象化的产品用于解构和承载故事。

怎么理解文化旅游或如何推动文化资源向旅游产品转变？我认为，首先我们得回归到文化的存在形态，可以总结几个类型。

首先，文化有大传统和小传统之分。中国的大传统是什么？就是以儒家文化为核心的皇权文化，两千多年不变，改朝换代也是皇帝轮流做。生活层面、技术层面基本没有发生本质变革，直到辛亥革命。小传统是什么？是民间文化、民间信仰、民间艺术和民间习俗。过去封建社会时或者皇权制度社会时有一个现象——皇权不下县。靠什么维系？家庭、宗族、家族形成自治格局。文化的大传统与小传统构成中国历史超稳定的社会结构。中国文化的自我修复能力非常强，即便发生战争或者灾难，甚至改朝换代，也会恢复一个相对稳定的秩序。

文化还有新旧之分，中国文化以“五四运动”为界限，之前的我们说是旧传统、旧文化，之后的是新文化。何为新文化？中国传统的礼教社会迈入现代化国家之后创造的文化。

文化还有大区域和小区域之分。中国地域广阔，南北生活方式和文化差异非常明显。比如黄河文化，整个黄河沿线都是黄河文化，局部又形成小区域文化。比如河南文化、山西文化、兰州文化、宁夏文化都在黄河流域，但不同地方形成了不同的文化小气候。大区域、小区域，南北之间差异明显，因为地理地貌而形成的山地、平原、海滨、高原、草原之间的差异也非常大，这共同造就了中国丰富多元的文化形态。

文化还有主流和非主流之分。一个社会或者一个国家积极倡导的文化叫作主流文化。比如我们国家现在倡导优秀中国传统文化、革命文化和先进的社会主义文化。但这个概念很宽泛，简而言之就是一种积极向上的文化，一种爱国主义文化。非主流文化是在年轻人当中，较主流文化相对小众的一种民间文化，甚至是另类、叛逆、前卫的文化。比如哈韩、哈日、嘻哈、二次元文化等，都是非主流文化。主流文化和非主流文化之间是什么关系？主流文化是官方的，非主流的文化是民间的。非主流文化有可能是阶段性的，一个时期之后可能消失，或者有强大生命力，逐渐跟主流文化融合，之后成为主流文化一部分。

文化还有雅文化与俗文化之分。中国有非常典型的语言智慧，同样的东西在不同的表达语境之下意义完全不一样。比如琴棋书画诗酒茶属于精英阶层、士大夫阶层的雅文化。但柴米油盐酱醋茶就成了普通老百姓的生活日常。雅文化由精英阶层创作和传播，俗文化是民间的。在文化旅游发展的过程中，我们倡导的理念是雅俗共赏。现在因为生活变化，社会阶层也在不断流动，俗文化进入精英阶层，雅文化也进入大众阶层，雅文化和俗文化之间的边界逐渐模糊甚至消失。更多雅俗共赏的融合性文化形态在产生，比如交响乐是雅文化，秦腔能不能与它融合在一起？我们尝试过，是可以融合在一起的，可以兼顾两类受众群体。

文化还有本土性和外来性之分。文化有植根性，是在特定历史环境中演化形成的。又比如互联网文化，是一种先进的信息化科技介入，它跟本土文化进行很好的结合，产生了新的文化形态。

文化还有积极性和消极性之分。比如说中国传统讲身体发肤，受之父母，不能损伤，强调保护自己的身体以尽孝道，就是一种积极的文化。但不是所有文化都是好的，过去在畸形审美之下存在的要求妇女缠足的裹脚文化，就是一种消极的文化。

文化还有有形和无形之分。我们的遗产、遗址、建筑、工具、器物等是有形的，比如我们碛口古镇的建筑群是有形的。但是更多的文化是无形的，比如我们上古时期的神话是无形的，在没有文字之前靠口口相传。春秋战国时期诸子百家的思想流通也是在精英知识分子之间口耳相传，刚开始《论语》就是对话体，后期由人们整理出来。优秀的文化实际存在于哲学思想范畴，从精神层面影响我们的思想、情感、行为和信仰。但这些基本是无形的，如何转化？

文化都需要有一定的载体。第一个是文化典籍，比如前面说到的《论语》，比如很多文化派生于宗教，宗教教义就是文化正典，规定之后不能修改，只能够通过口头诵记和文字书写来解读和传播。第二个是器物，具体就是我们的建筑，还有很多生活生产用的工具和器物。技艺是手艺和艺术，它依赖人而传播。如果人不在了，手艺没有传承下去，文化就会消亡。还有人物，每个地方都有自己的英雄人物，每个时代都有自己的英雄人物。人物身上寄托着某个时代某个地方群体的精神境界和理想状态，是精神象征。还有仪式、节庆、祭祀、婚嫁等之类的仪式，通过仪式感传达一种秩序，实现一种价值和情感的认同。

乡村文化基本属于小传统范畴，是小区域文化，还有一些非主流的民俗文化，是俗文化的聚集地，有本土性和植根性。像碛口，文化承载在建筑、老百姓的言谈举止、戏台、手工艺产品上。文化旅游更多地要构建文化空间美学，过去我们说生产空间强调的是功能，但在文化生活层面，我们要打造更多的文化体验空间。比如我们利用文化符号传递某一种价值，激活某一种情感，营造某一种特定的生活方式，引发体验，最终转化为消费，这是文化和旅游转化的一个重要环节。

过去我们打造一个旅游景区时，更多地依赖现有资源、遗产，然后做景区。为什么叫作打造？因为核心资源是先天性的，根本不需要创造，只需要完善配套服务即可，因此我们只需要施工队而不需要艺术家。但在文化旅游时代要创造，每一款产品的研发，每一个场景的营造，都需要独具匠心，有艺术家参与，对很多文化遗产和文化形态进行再度创作，更需要技术、信息、创意、创新，将诸多元素叠加在一起，才有可能创造出一个好的文旅项目或者文旅产品。

过去强调的是游憩或旅游空间，未来更多的是强调文化体验场景。我们看一下场景如何转变，就知道场景到底会发挥多大功能。过去，厕所是简陋的茅房和旱坑，这种状况离我们不远，五年前在很多乡村、很多城乡接合部还能看到这样的厕所。但是这几年推行“厕所革命”之后，有很大的改善。厕所解决生理诉求的功能是没有变的，但是由于场景转变，我们的体验品质提高了。厕所革命是场景革命。废弃的村庄和乡村的房子，经过改变之后变成民宿。住宿功能没有改变，改变的是场景、品质和体验价值。乡村民宿是一场住宿革命。过去的路坑洼不平，两边的植被毫无秩序感，野蛮生长，通过建设风景廊道，空间具有了自然美感。风景廊道是一场空间革命。在东南亚我们能看到这样的集市，小商贩推着小车在贩卖水果。我们同时也在泰国的水上集市看到在一叶扁舟上售卖水果。你更愿意花钱到哪一种场景体验？哪一种场景价格、品质会高一些？当然是后者。特色售卖是一场情景革命。

所以，我们得出一个观点，就是不同场景对应不同身份，不同品质的体验产生不同的价值转化。我们在听交响乐时一定要西服革履、严肃庄重地进入现场，演奏交响乐的各位乐手必须天衣无缝地配合，一个音符演奏不到位，懂的人都说你不专业，是不可饶恕的。但是在摇滚乐演唱会现场，有时候为了追求现场的互动，乐手们会进行即兴演奏，以调动观众的参与感和互动性，即便弹奏错一连串的音符，甚至即兴改变唱腔唱调，也没人在意，甚至还会引发集体狂欢。

不同场景表现不同的文化张力和情感。我们在各个城市都可以看到主流文化，但年轻人群、非主流人群更喜欢非主流的价值主张，这样就形成了两种截然不同的文化价值表现，形成了又一种场景。所以你身在什么场景，就是什么身份，产品摆放在什么场景，就有什么价值和价格。同样一碗面，在碛口可能卖八元，但是在吕梁市步行街可以卖三十元，北京机场可以卖六十元，同样一碗面为什么会出现这样的价格反差？因为场景发生了变化，场景赋予其附加值，提升其品质，当然会出现不一样的价格。

同时，互联网时代把我们带入无处不在的虚拟场景之中。现在每打开一个手机中的App，打开一个小程序，都是场景。举一个很简单的例子，过去我们开车时要自己看路牌，现在导航能解决我们所有的问题。我们对导航的场景化产生严重依赖，以至于我们开车如果不看导航都不知道路怎么走。过去可能买一套房要看几个月，甚至犹豫不决，选择、纠结很长时间，租一套房也是。现在网上360度看房解决你所有问题，你可以利用碎片化的时间找到户型和价位适合自己的房子。信息化改变我们的交流、交往和交易方式，同时也会改变整个商业环境，所以未来需要更多地通过场景定义产品的价值，因为它解决了新型的供需链接问题。

文旅融合的美好生活怎么打造？首先所有产品、所有资源、所有项目要用于解决我们场景革命的问题。我们很多项目有大场景，比如我们碛口古镇，大场景壮观，但缺少对中场景、小场景、微场景的精耕细作。我们没有中场景，进来一看觉得不大行；小场景方面，我们的住宿、餐饮等品质没有提升起来；我们的微场景，包括房间里每个器物的摆放、房间的布置，甚至于房间里面牙刷、牙缸怎么放置都要进行精心的人本和审美设计。

场景首先要有特定的物理空间，聚集特定人群，这些场景在定义人群，人群同时也在定义场景。要有特色活动，通过活动的参与感和仪式感彰显文化，而且活动场景要有象征意义——到底倡导一种什么样的消费观，一种什么样的价值观。一定要有公共价值，能够让过路人、市民进来公平享受，而不是打造一个封闭空间。所以关于文旅融合的美好生活缔造者，我认为我们现在不缺少政治家，领导都知道发展文旅的重要性，我们现在也不缺理论家，因为理论永远赶不上现实变化。我们缺的是有情怀和担当的企业家，能够让自己的项目有成长机会，不是今天投入明天要回报，不能急功近利，文化旅游需要培育，需要时间成长。我们也需要更多艺术家参与创造更多的文化场景来引导大众消费潮流。我们更需要阐释家来解读这个地方到底是什么，我们的场景有什么故事和意义，有什么品质，要把这些东西传递出去。

费孝通先生曾经构想过一个未来社会的理想，叫作“各美其美，美人之美，美美与共，天下大同”，这对我们文旅发展来说仍然适用。文化旅游未来的图景一定以生态为背景，以文化为场景，必须生态好，否则底色不好，就会缺少大美感；要有多重体验、多元文化场景，有故事情景，没有场景就没有空间审美，唯有将二者充分融合，才能够缔造出美好生活方式的美景。

6

越过时光：从遗产地到文旅目的地

李霞发表演讲

李霞
大地风景文旅集团副总裁，北京大地乡居旅游发展有限公司总经理我分享的题目叫作“越过时光：从遗产地到文旅目的地”，其实就是想讲穿越。比如我们身处类似碛口古镇这样的地方，很大的问题是进不去，不是人不能进入，而是你的状态很难融入古镇所谓的千年时光中。所有的古镇、古村、一些世界遗产地，到底怎样可以让游客很快进入一个场景？古村镇经常有这样的困惑出现，它在历史书本上的几千年或几百年历史里曾经非常辉煌，但是现在很难再感受得到。比如现在的碛口有很多老房子，我们会为建筑的形态美所倾倒，但如何理解它？大家这两天在这个古镇里面走会发现有这么一些跳跃的装置，给这个古老的地方带来一些色彩，这是大地风景文旅集团下大地遗产做的“拾一·文化小径”计划。扫二维码后就可以看到一个视频，视频内一个专家帮忙解读这个景点。“拾一计划”这一次在古镇中做了8个打卡点，提示大家这些重要的遗产点曾经有非常好玩、有趣的故事，有它辉煌的地方。为什么叫“拾一”？有三层意思，就是拾起每个地方的共同记忆，拾起每一处空间的历史使命，拾起每一天我们的美好生活，这是“拾一”想做的事情。

我们回到古镇活化利用上，古镇活化利用有三个非常普遍的诉求值得重视：一是古镇活化并非单纯的商业项目开发，重点要实现遗产保护修复与地域文化复兴，如果忽视这点很容易把古镇价值做低。二是古镇活化利用并非封闭的传统旅游景区建设，而是居游共享的古镇文旅社区营造。三是古镇活化利用并非单一的观光休闲业态招商，而是文旅驱动的区域综合产业转型模式探索。

接下来与大家分享我总结的三个古镇活化利用的前提，我们要研究如何着手活化一个古镇。

第一个前提是价值审慎认知。政府、开发商或智力服务方给古镇做一个发展方案时，重点在于是否真正认识到这个地方的价值所在。到底什么是古镇的核心价值所在？首先是风貌，风貌是非常重要的。我们看到现在很多地方把一些老东西拆掉新建，为了行车方便把不必要拓宽的街道拓宽，赶走原住民后变成原真性很差的区域，它们不喜欢这种斑驳和沧桑的感觉。尤其是政府项目，一旦政府介入建设很容易搞得整齐划一，很新，但是没有味道，没有时光雕刻过的记忆。还有那些老树，其实树木是一个地方自然生长、文明发展很重要的见证，很多时候会为了房子把树砍掉。其次是文化，文化是古镇的地域商贸、建筑文化、生活文化的集中体现。再次是记忆，记忆是民间化的，有时候史料里面找不到，要挖掘生活在这里的村民的记忆。最后是产业，产业要有延续性，要找到过去的产业基础，探索未来产业的可能性。

第二个重要前提是建设的融合创新。古镇开发，很多时候会陷入为建设而建设的误区，要投资10亿元或者30亿元，钱一定要花掉，漫无目的地搞建设。实际上我们可以更理性地做古镇的建设，围绕运营和发展的需求去建设。要避免破坏性建设，要尽最大可能保留古镇原本的肌理、建筑、色彩。一些重要的，比如已经被贴上文物保护标签的建筑是容易被保留的。但是一些没有被贴上文物保护标签的重要历史建筑，其实也是古镇或者村子肌理重要的组成部分，就容易被忽视。然后是怎么建的问题。我们的先辈在建造这些留给我们的精美遗产时，他们很用心，很有匠心。但是当下这个时期，建设很容易流于浮夸，总觉得哪里不对，有违和感。因此希望我们的建筑可以创造新的乡土遗产，为未来在历史遗产的基础上增添光彩。

第三个前提就是产业的强力介入。我们一开始时就可以培育符合商业规律的综合业态，然后把一些有流量的IP导入进来，让这个地方的业态能够有源源不断的生命力。

我想这三个古镇活化利用前提是我们经历了太多古镇开发误区之后得到的教训或者总结。

今天我想讲一个案例——山西荫城古镇，它跟碛口古镇一样，也是因为商业发达形成的古镇。这个古镇在商业衰落后、文旅发展前，商业其实已经不存在，它在历史上曾经非常辉煌，但这个时代已经不需要那样的商业。古镇上有大量漂亮的明清古建，每一个檐口砖雕都非常精致，还有很多保留完好的门牌，整个古镇的风貌保持非常好。荫城古镇位于山西长治，原来叫作长治县，现在改成上党区。接触这个古镇时被灌输了很多文化意向，这里有“户有八百，商有五百”的繁华，这里有“万里荫城，日进斗金”的富足，这里有“九路客商，四大家族”的传奇，这里有“治学重教，文人辈出”的风雅。但所有这些对于现在进入古镇的人来说都是传说。

回到我刚才讲的题目，荫城有很多传说和故事，但就是进不去，一旦来到这个地方，就会发现，除了一栋栋老房子和院子之外，一无所有。古镇曾经有人们口中古代最大的中国铁器交易中心，目前在古镇里却几乎看不到一片铁。所以麻烦的是这里的传统手工业——铁业衰落之后，这个产业已经不复存在。同时，古镇的生活区比较糟糕，没有城市那样的完整公共配套。现在还有部分居民生活在这里，作为一个生活区来讲不够舒适，作为一个产业区已经没有活力，作为一个遗产地，值得去保护，但是要保护什么？荫城古镇是中国尚未被开发或者在文旅发展之前阶段的古镇的典型代表，我们被灌输了很多文化概念，说它曾经是多么辉煌，是一个铁业中心。但是它该怎么做？

长治的经济条件非常好，政府也有能力做投资，所以，2018年政府提出要对荫城古镇进行综合利用，一期近8亿元投资会涉及古镇和周边区域。经过普查，古镇里有约500套传统院落。问题是我们到底如何才能够真正进入一个有着浓厚铁文化的古镇？

我们研究古镇时做过很多畅想。先说游客，一个普通游客进入从春秋开始冶炼铁，明清之后成为全中国最重要的铁货交易中心这样一个晋商的产业中心，该如何感受它？我们提出六个有可能的方向：

第一，是要对藏在街巷中的建筑遗产、古镇遗产节点做原貌修复和创意利用，让它能够解说这个古镇千年铁府的文化地位。古镇里面有一个铁府衙门，已经非常破了，这其实是明代时古镇作为中国官办的铁货交易集散中心地位的见证。我们设计了一个项目，是在修复建筑的基础上，把铁府衙门做成一个新形态的博物馆，一个中华铁博物馆。其实铁是一个跟中华文化有很多渊源的元素，我们有很多的俗语跟铁有关，我们也有很多的文字跟铁有关。铁其实是渗透在生活的各个方面的，这样的东西我们希望能够在这个博物馆里面得到展示，不仅仅是铁器，还有铁的文化。

第二，追寻潞商的开拓足迹，进驻万里茶道的丰富业态,再现潞商鼎盛时期的富足生活。要挖掘这里的老字号，例如永记铁庄，要利用这些体现铁商足迹的载体追寻潞商的开拓足迹。将万里茶道上的丰富业态引回古镇，让游客进入古镇之后能够体验潞商鼎盛时期的富足生活。

第三，上党地区民间文化源远流长。有很多的民间活动跟铁有关。精选最具代表性的民艺传统文化，以活化展示和创意传承的方式，激活古老文化的时尚活力。

第四，是关于铁本身，几百年前主要交易内容是农具、生活用具，这个时期很难卖一把铁锹给一个城市游客，所以我们需要研发一系列的铁主题生活业态，以活化展示和创意传承的方式，构建荫城古镇品牌的铁主题美学生活系统。

第五，当地文化专家讲到一个情况，荫城商业繁荣之后有了财富的积累，文教发展很好。往往头两代做生意，第三代做官，是教育昌盛的地方，这个东西如何让游客体验？所以我们希望未来可以打造一系列古镇教育产品，将荫城打造成北方重要的遗产教育与文化研学基地，让人换一种时空感受文化。

第六，令周边一些老铁匠和新铁匠、老手艺和新创意，与艺术家结合，用文创和艺术手法重新把铁的产业激活，打造中国铁手工业文创示范区，我们希望能够在古镇形成一个产业系统。

从明清穿越到现在，现在再回到明清，回到鼎盛、富足的小镇，在这样的时空转换中体验这个古镇。上述六个想象和愿景，该怎么实现？路径是什么？我们也分析了荫城古镇面临的四个任务，这其实也是大部分古镇要解决问题。

第一是修复古镇风貌肌理与重要遗产，再现千年铁府风华。8亿元的投资，第一步要干什么？我们建议首先修复古镇风貌，让它沧桑的依

荫城古镇LOGO设计图

关键词

铁：千年铁府

方孔钱：繁荣的商贸文化

建筑：明清民居建筑风格

文：“文”字代表厚重的人文历史

红灯笼：生机与活力，度假休闲的生活状态

铁砧：敦实、坚强不屈、铁匠精神

旧沧桑，但破损的要让它得到改善。临街建筑外立面要改造，景观要改造，一些重要的遗产节点要修复，比如铁府衙门等，塑造一些文化空间，进行一些创意性景观解读以及配备智慧设施，这些都是我们希望能够为古镇做的。当然8亿元并不多，如果全面在这个古镇里面推行开是不够的，所以要对古镇里的街巷做一个彻底盘查，重新规划未来游客进入之后的体验路线和体验区域。把重要的能够形成商业业态的区域清晰地划分出来，分出优先级，逐步投入风貌改善资金。

第二是升级基础设施与公共设施，构建居游共享的美好生活社区。如果只有游客没有居民，这个古镇就没有生命力，没有活力，而且可能会有很多矛盾，所以所有提到的这些设施，都同时为游客和居民服务。

第三是改造重点遗产院落，形成高品质的文旅服务、体验与商业空间。筛选原则是建筑风貌完好、文化价值突出、区位价值突出和商业价值较高。未来承载的功能为旅游服务设施、公共文化项目、商业业态空间和主题产业空间等。

第四是文化品牌价值提升与开业运营筹备，确保商业诉求与社会诉求全面得到满足。所以要由本地专家与国际专家组建文化研究团队，做古镇文化整理和研究。然后要做古镇新的文化IP的塑造与品牌推广。关于公共设施与自营业态装修，要做一部分示范性业态，再引入更多复合业态。通过多种路径，重新激活古镇。

虽然现在人不用铁锹，但难免用铁铲、铁盘，因此还是可以复兴铁的。古镇里的潞商文化空间重新引入万里茶道上不同国家的风物让大家体验。“一带一路”上的香料、衣服、饰品、工艺品也是很好的呼应商业主题的东西。上党的文化怎么做成可体验内容？经过这样的布置之后，我们会对一栋栋房子和一座座院子进行不断考查，采用文化解说、商业度假、游客服务，使院子有合理的内容。

第一步，做品牌塑造和古镇核心游赏空间构建。可以了解、体验业态，享受业态空间。第二步，丰富业态+扩展容量+强化度假。进一步丰富古镇商业体验业态，扩展古镇片区接待能力，提升古镇片区夜间

荫城古镇规划设计效果图

休闲娱乐、住宿度假业态的比例，强化古镇度假特色。第三步，重点地块综合开发+产业链条扩展。通过土地综合开发和度假物业的销售，完成资本退出程序，构建新镇—古镇—雄山联动的文旅产业大格局，形成完善的文旅产业链条。这是经过总结教训经验我们得出的几个核心价值。

还有一点非常重要，就是不能忽视古镇的社区协同、多主体参与和利益共享。我们可以看到古镇开发实际根本不是开发商一家的事儿，不可能古镇交给开发商就不管了，这里面有政府管理和统筹，多元化的有品牌影响力的业态需要进来，甚至我们也需要公益机构、艺术家、艺术院校、一些创客共同进来，为古镇赋予生命力。

最后，要做五种协同：一是社区风貌协同，塑造古镇整体氛围；二是社区产业协同，激活古镇内在生命力；三是社区公共服务的供给协同，营造居游共享人居社区；四是业态管控协同，控制古镇商业空间；五是社区居民就业辅导，实现社区参与全面发展。

7 文旅融合

葛然·索斯特发表演讲

葛然·索斯特（Goran Šoster）

斯洛文尼亚农村发展网络副主席

今天我要跟大家介绍的是我与一位教旅游学的大学教授一起合作完成的小研究。我们曾是同学，我是实干家，而他是理论家。在欧洲，政府经常会要求非政府机构讨论一下政策的情况，我们就会给他们的政策提供“批评”，这是一种非常有成效的对话，政府与非政府机构间经常互相督促，一步步往前发展。

我今天主要讲四个部分：一是欧洲旅游业的发展趋势，二是如何理解文旅融合，三是文旅融合的案例介绍，四是结论部分。

总体来说，欧洲旅游业发展中传统的旅游方式仍占有重要地位，简单来说，旅游者追求的是享受“3S”——阳光（sun）、沙滩（sand）和大海（sea）的旅游。这是一种主流旅游方式，所以一直没有太大变化，因此发展也非常慢，做更大的投入才能吸引新的游客。而非传统的旅游方式近年则增长非常快速，它的增长速度是传统旅游的3倍，文旅融合发展旅游有着前所未有的机遇。未来中国也同样会面临这样的发展趋势。旅游者到了不同的目的地，不仅主要在不同的环境里进行放松，还需要有丰富多样的旅游体验。

随着科技发展和政治上的变化，人们现在出游越来越方便。欧洲现在已经没有国界，欧洲的人们可以自由地移动，所以变得越来越活跃，会去参加各种活动。同时，现在的人们也越来越多地关心环境问题，环保意识越来越强，价值观跟以前也不一样。游客选择一个旅游目的地时考虑的因素，排名较高的主要包括景色、气候、交通成本、住宿成本、名胜古迹、环境等，当然还有很多其他因素，决定了游客要去哪里，如何度过他们的假期。

同时，我们可以看到游客的旅游频率增加了，待的时间也越来越短，不是说一定要出去一个月或者40天，他们可能就周末出去，或三四天时间。对欧洲公民的旅游目的地进行调查，结果显示只有20%的人出游是为了阳光和沙滩，增长缓慢；另外还有走亲访友、看历史古迹或是体育活动等，这些增长较快。在游客对旅游目的地的期待方面，33%的游客很期待体验到当地的传统文化、生活方式和习俗等。几十年前我们发展阳光沙滩观光休闲旅游的时候，忽略了对当地文化的开发与发展，但现在这些文化却是游客最在意的，这是我们的机会，我们需要抓住这样的机会，给游客带来一些新的体验。当然还要制定合理的价格，有良好的性价比、高质量的服务，也非常重要。在古镇古城的旅游开发过程中，提高服务质量也同样至关重要。

要提高旅游目的地的吸引力，需要重视以下三个方面：第一是环境，第二是文化传承，第三是针对年轻人的娱乐。比如，古村落在打造村庄的品牌形象时，就要了解我们的村庄是不是有包容性，是否能够接受一些想在这里进行派对狂欢的年轻人，以及服务设施是否配套等。

文旅融合需要集合很多因素，尤其是文化传承，诠释文化和遗产非常重要，也要对游客进行良好的教育。现在的年轻人有非常好的欣赏力，对文化遗产也有非常好的态度，他们可以是历史文化遗产非常好的诠释者，所以要给他们提供一个好环境。要挖掘地方的小故事和传说，尽量让游客建立起与村庄的历史文化古迹的情感连接。我们诠释的生活和环境，要让游客觉得非常有意思。同时，我们要观察游客的数量、居民的心情、村庄的发展方面的问题，并不断进行反思。

关于文旅活动的例子，就不具体说了。首先像音乐会、戏剧演出、节庆或者一些特殊仪式等，和名人相关的景点可以挖掘相关的主题，通过热门的话题或事件进行品牌推广，不需要面面俱到，只需要找到一个有特色的。

简单来对比下传统旅游和文化旅游。传统旅游的规模非常大，文化旅游则更追求个性化。传统旅游通常更需要豪华酒店，而文化旅游需要的地方可以比较小，比如民宿。传统旅游更强调舒适性，文化旅游则可能更看重个人的经历。如果说传统旅游是去一个地方玩，且尽可能地探寻当地的饮食文化，那么文化旅游更注重体验一个地方的文化，以及当地人的生活方式。我们提供文旅产品，需要跟别人分享我们的故事和经验。传统旅游更宽泛，文化旅游则需要更多的保护和可持续发展，同时还需要有更多的责任感，以及良好的遗产教育。

下面我讲一个案例——克罗地亚库姆罗维茨（Kumrovec）的STARO SELO开放性博物馆。这是一个小村子，除了极少用砖砌的房子，之前的房子都是用木头或者泥制作，以及用稻草搭建。南斯拉夫前总统铁托就诞生于这个小村庄，这里还有铁托的铜像，他出生的这栋房子在南斯拉夫时期就有了，1979—1985年重新整修这个村子时，完全保留了这个村子的原貌。当然也有结构性的整修，他们重新改造了40栋房子和花园，组成一个大型乡村博物馆，展示当地手工艺，一共有16类藏品，还有19个永久展览。村里有一些翻译，做关于文化遗产方面的翻译工作。村子有固定的开放时间，每天上午9点到下午7点，每年可以接待5万人次的游客。

那么，我们从这个案例当中能够学到什么呢？从这个开放式的博物馆中能学到什么呢？

第一是要有专家投入。专家可以考虑得很周到，包括文化、历史、地理、规模，以及一些小的细节。所以一个好的开始非常重要，一个好的思考、好的规划可以使村子持续发展几十年，比方说思考未来会有什么样的结果，这都是非常重要的。

第二是修复和规划要协调一致。有时候我们规划做得很好，有很好的想法。但是可能建筑师来时，他会说这很垃圾，没办法做到，我有更现代的一些想法。所以其实要有一些不同的思路，我们要想清楚这儿过去的生活是什么样的，我们该怎么样干预。

第三是要让人容易接受，确定好合理的开放时间以及门票价格。如果我们的门票价格很高，可能年轻人就不去了。

第四是要多种方式互相融合。导游在讲解的时候要融入民族文化、历史文化以及相关的教育方法。

第五是要很好地融入当地的社会环境。一共300名居民生活在这个大村子里面，目前为止他们感觉都非常好。

第六是要很好地平衡旅游和文化，使其共同发展。可以说这是一个文化和旅游结合发展非常好的例子。

今天上午有人提到公共政策的角色。因为房屋需要时不时修复，所以需要公共资金注入。公共资金注入能够确保这些地方可持续发展，这些资金会用到维护和雇用的员工身上。现在政府也在试图引入一些社会资金，通过多途径引入多方利益相关者，提高旅游产品的价格和质量。但质量和数量需要找到平衡，从文化和旅游的角度，也需要找到平衡。现在文旅融合的机会越来越多，同时也带来了一些新的挑战。其中，承载能力就很重要，我们需要重视。

最后简单总结下，文旅融合将带来更多的发展机会和更快的增长速度，但同时也会带来一些挑战；要评估这些文旅融合发展的地区的游客承载力；文化的传承需要可持续发展和有责任心的管理模式；同时，游客和居民应该互相学习；多方要协同合作，包括政府和私营部门、私营投资者还有第三方等，要注意平衡多方利益关系。

8

手机摄影带来的全域智联之路

蔡志勇发表演讲

蔡志勇
北京全域智联文旅发展有限公司CEO，
视觉艺术家，国内知名摄影师

我在参与乡村拍摄的过程中得到很多关于乡村发展文旅的灵感，因此也慢慢地陷入了这个行业。我今天想给大家分享的就是我们用手机能够给一个地方带来什么。我想每到一个地方，在不看任何资料、不挖掘太多历史的前提下，用手机发现一个我心中解读的角度。因为我认为通过眼睛看到的东西是最真实的，所以希望大家用眼睛发现最令自己感动的东西。

我前几天去了伊斯坦布尔，发了图片之后，很多朋友问我在哪里拍的，然后自己买机票去了。朋友说是我的照片让他们去的。大家可能就是这样，会因为一张照片，这么小的一个动机出发去旅行。而且手机摄影有一个好处，每个人都可以随时随地拍，很多人也想追求这种拍照的乐趣。所以我觉得首先要从视觉的感官上激起大家想要去一个地方的冲动。我们要做的工作就是让去的人能够跟我一样自发拍摄一些优质的内容来“轰炸”朋友圈。

我在景德镇拍过几张鱼的照片，很多人评论说，在景德镇没有见过这个地方。结果去了以后发现它只是一个民宿里冒烟的水池，所以大家都去拍。因此很多冲动可能就是来自这些线索，而且现在大家很多时候不喜欢听太多别人的讲述，而是喜欢自己去感受。

现在的手机足以让普通人成为艺术家，买一部稍微好一点的手机，只需要找到一个合适的角度，就可以拍出好的照片。而我们的工作就是帮他们多发现一些新的维度。手机摄影中常出现的对象无非就是美食、美景以及自己，然而大家可以发现，这几样东西其实都是可以消费的。

比如有一张图片，是我第一次参加乡村复兴论坛时在留坝拍的。拍摄时节正好是秋天的尾巴，叶子快掉完时，还赶上了下雨，于是就有了这张“雨中公路”。这整条公路其实都很漂亮，后来这个地方成为著名汽车品牌玛莎拉蒂的广告拍摄地，一下子吸引了很多人去。

为什么中国这么多美的东西我们都不知道？手机摄影一个很好的地方就是每个人都可以把他眼中最美的一点拍摄出来，分享出去。我在碛口拍了黑龙庙，当地人说从来没有拍过这样的照片，很刺激。其实当

鱼

时也有很多人跟我在同一个角度拍了，只不过每个人都有不同的摄影创意、解读方式跟表达方式。

我们给大家带来的东西可能是一些很小的线索，但这些线索值得大家不停地去挖掘，旅游才有了乐趣。因为现在的旅游被安排得太过于程式化，就是必须要做什么。我跟大家的旅游观点不一样，我认为每个人对于文化的解读角度不一样，因此我们应该更多去关注这一点。

我通过手机发现了这样一些有趣的现象。手机流量巨大，在中国最少有10亿人在用智能手机拍摄，虽然现在抖音这些短视频App很流行，但人们最擅长、最喜欢的应该还是图片本身。因此我想能不能通过一个更加有意思的方式，利用这些最简单的、大家喜闻乐见的、每天都要发生的事情，来解决各个地方的一些旅游问题，并带动乡村振兴。所以我们为此就做了一些工作。我在李家山只用手机全景功能不加一点摄影技术拍了一张照片，这张照片基本上把李家山近处的窑洞生活状况都概括在内了，黄土高原有了布达拉宫的感觉，紧接着居民和游客的对比关系都表达出来了，这种照片发朋友圈就很炫酷。当朋友说这张照片里的地方很漂亮时，你肯定会向他推荐说：“你去也会拍成这样。”于是他会向周边的人推介这个地方的美丽。这就体现了内容创作跟人的思维、逻辑和心理之间的关系，所以我们会在一些地方进行视觉营销。例如，我们为乡村特制的“九图计划”产品，就是集基于手机摄影的旅游路线策划和网红目的地打造于一体的视觉互动营销项目。我们给留坝做了一次汉服拍摄，那里有一个非常好的张良庙，据说是张良成仙的地方，于是就有了九张图片，起到了非常好的营销效果。

那流量进来后我们怎么消化掉？为此我们做了智能硬件，解决游

留坝县雨中公路

客拍不了的问题，手机放到一个架子上面就可以拍出和我一样的效果。现在的手机都是智能手机，手机厂商做了非常大的努力来提升它的拍摄功能。所以每个人都可以成为艺术家，只要动脑筋想就能够产生无穷变化。这个智能硬件的最终目的是让大家在有了几张保本照片之后创作出更好看的照片，所以未来这会成为一种更好的社交形态——在旅行当中拍摄的社交形态。

后来我们又有了全域旅游智能物联网的想法，旨在深化景区改革、去同质化、带动景区联动、拓展客源市场、促进产业融合、完善旅游功能等，积极打造旅游全域全季节旅游，初步形成旅游与文化、市场、观光农业融合发展的新格局，推动旅游产业健康快速发展。这套物联网是用来服务地方政府的，目的是为政府带来更多可能性，让它们成为平台。而且我觉得每个地方政府都应该打造一个自己的文旅新业态，能够产生利益。我们这个App就可以帮它们把这么美丽的风光或者文旅产品愉快地“卖”出去，同时有很多人“帮”你拍照，“帮”你分享出去，“帮”你做宣传。

有了智能硬件和物联网的想法之后，我们做了自驾游项目。因为我认为自驾游的空间区域比较片面，任何一个地方都可能成为景点，不需要建设。可能只是一个脚印、一个点位，就能够形成营销热点。比如我们最近刚做的客家寻源线路，把美丽的客家风光和美食都打包进去；还有梅县自驾游，寻找梅县最美景点打卡地，等等。有时候旅游不是很

碛口黑龙庙

复杂，也不是每个人都想要那么多文化。如果出来玩之后知道了这个地方的很多故事，自动传播出去，可能文化这个事情也就产生了。

我们在拍摄一系列阐述产品的片子时，不会在片子里直接展示所有产品，而是会藏进很多暗线，往往生意都是在暗线里面完成。那天某个地方要做试营业，找我们拍宣传片，酒店方让我拍很多东西，但我只拍了要推的东西。结果片子放出去后，那个酒店的房间瞬间全部售完。他们觉得很奇怪，但我们并不觉得奇怪，因为内容要科学地去营造。

我们在这样一个语境下，更多地要考虑全域旅游整合性营销。所以帮很多地方做营销时，我们会做最美打卡地，也会做一些创意集市，包括在水田里面做音乐节，跳到田里面跳舞，还会有美食护照，把业态进行打包。我认为我们要做的事情不需要建设，只要发现和整理出来，让大家真的为了这个事去旅游。

我们还做了一个手机摄影博物馆，在安徽蚌埠，是一个给普通百姓做的博物馆。在手机摄影来临的时代，每个人都是艺术家，每个人都能够产生自己最感动的瞬间，所以我们要尊重这些人，于是我们打造了这个博物馆。我们非常认真地去考虑怎么把这个博物馆做好，所以在建设场馆时，我们就请了意大利的设计师来设计。我们建这个博物馆时，虽然看起来做得很随意，但是我们很认真，要有一种态度。

四

专题论坛三：保护与活化

1

让文化说话

蔡景晖发表演讲

蔡景晖

穷游网总裁&联合创始人

特别开心主办方能够邀请我，让我能再次来到碛口古镇。这是我第二次来，第一次来是十年前。在十年前，如果有人跟我说未来会有几百人一起在碛口开这样的大会，我肯定是不相信的，但今天这一切都发生了。这十年间无论是碛口还是中国，确实变化都非常大。

这几天我们走了碛口的很多地方，也看到了很多有意思的建筑等，听到了很多故事。这些故事中有两个我印象特别深。一个故事是罗德胤老师在前两天提到的，为什么这里会有这么一个繁荣的小镇？这个想法跟我第一次来的时候非常相似。我当时是从陕西到郏县，沿着黄河一路下来到碛口，一路上的村子都很小，到这个地方突然发现一个这样的镇子，建筑非常精致，布局非常合理，这给我很大的一个问号，为什么在这个地方出现这样一个城镇？第二个故事是昨天听到的，文化不是一个固定的样式，而是一种理解，是不同时代的不同表达。

对于一个在城市里生活的人来说，乡村古镇很大程度上跟家是相联系的。前两天我正好去了唱《乡村路带我回家》的歌手约翰·丹佛的墓。这个墓园非常美，一个大石碑上面刻着“一个诗人、一个朋友”。石碑旁边有一条小溪，我们去的时候溪水潺潺，都是雪山的溶水。有一个叫“歌”的花园，里面有很多的石碑，石碑上都刻着他当年写的那些歌，比如说《高高的洛矶山》等。当时我们在那儿的时候恰是黄昏，我们几个同学坐在那个山坡上静默了五分钟，静静听着风声、鸟声和水声。那是我在那里最难忘的一个时刻，我感觉到自己跟这个地方紧密相连。其实约翰·丹佛不是这里的人，他在度假的时候写下了《高高的洛矶山》这首歌，后来这里的镇长专门写信给他的家人说，这片地方有他的精神，能不能把他的墓园建在这里。他的家人同意了，就花了几年时间建立起这样一个墓园。所以一个可能没有什么历史积淀的小镇，也能

歌手约翰·丹佛的墓园

淘金小镇沙盘

留下这么美好的一个地方。

其实很多古镇乡村不一定有碛口这么丰富的历史，这也是一个挑战。前几天我在美国凤凰城去到一个叫迷信山的地方，那儿曾是一个淘金小镇。当时因为淘金潮，很多人在那儿淘金，金子淘完之后这个镇就荒废了，没有人，只留下了淘金的器械。于是他们做了一个巨大的沙盘，上面有当年小镇上所有的建筑以及很多非常细节的场景，让人去了以后就很想了解那里的历史。我们去的时候不是周末，但是仍然有很多当地人在那儿，我觉得这是一个非常好的例子。

我们今天面临很多问题。我们做了很多的工作后发现，每个城市都有非常相似的街道；我们也做了很多投资，这些投资最后未必可以获得预期的效果。因为用户的需求是千变万化的，我们不能根据自己的想法猜测他们想要什么。

我们做了很多的尝试，我们在北京做了一些City Walk。北京有一个原汁原味的明代寺庙，里面可以听轻音乐，还有彩画、雕塑、建筑，等等。这个寺庙就在北京的市中心，离王府井不到一公里的样子，旁边就是繁华的商业街，背后是非常现代的一个建筑。这样的一个地方，实际上很多北京人都不知道。我们一开始就是针对生活在北京的北京人，因为可能即使在北京，如果你带着发现的眼睛跟着我们去看，还是会有新的发现。除此之外，在上海、国外，我们都有类似这样的City Walk可以做。包括最近在华山，除了登山之外，我们也希望大家可以更多地了解华山的文化，包括庙的历史是怎么样的，以及非遗的文化，等等。我们会完全以用户的角度发现这个地方，重新包装，重新去理解。

对于古村、古镇整个的活化和保护来说，最大的一个挑战是什么？如果有资源，我们该怎样去讲述一个故事？如果欠缺资源，我们应该在哪些方面去做相应的投资？如何能够让投资风险小且收益大？我们从互联网公司数据的逻辑来看，所有东西都是这样一个大圈，背后其实是用户需求的变化。现在大家不仅仅是看一个景点，而是越来越关注生活化的东西，生活中喜欢的东西可能变成在路上去做。对于供给端来说，就是原来所要关注的是一个很小的结合，现在这个结合变大了，可能变成生活本身，因此如果从资源端出发去琢磨用户的需求，就变得非常卖力不讨好。所以我们觉得如果反过来了解用户需求再去支配资源，是一个风险更低的选项。

我们的网站通过数据分析，根据用户的偏好，做出了一张画像。这张画像实际上是这样，我们首先是工具，然后用工具去把握需求。我们有中国做得非常好的一个电子版的锦囊，有一个行程助手可以帮助你做出一个行程规划。大家可以回去试一下，比如我想去捷克，我应该怎么安排，这里有很大的数据库，大概有2300多万真实用户的旅行行程数据。这样的数据就说明，首先，对于个体能告诉我你什么时候想去哪儿。另外从群体就能看出这批人在未来一段时间内到底喜欢什么样的趋势，我们能通过这个趋势反过来跟合作伙伴说我们能提供怎样的服务。此外就是传播，除了把握需求，还有一个很重要的事是传播。当今想要说服别人变得越来越难。即使是一个权威媒体，想要让所有人信你也是非常困难的。但是大家信自己朋友的推荐，社区就是一个最好的宣传平台。对于一个社区来说，最重要的是找到那些有意思的人，让他们讲述他们好玩的故事。怎么吸引有意思的人？让他们觉得在我们这个社区能够与有荣焉，能跟我们一起荣耀。除此之外我们跟一些国内游合作，比如贵州、苗疆。把苗寨的一些工艺，做到我们的笔记本上，这样的笔记本本身是带有故事的，很多人非常喜欢。我们跟海牙也一起合作做了一个手环，是当地的一个艺术家用难民偷渡时候乘坐的筏子做的。这样的物品本身不仅仅是一件物品，也是连接点，我们能够通过它打开通往当地的大门。如果我们能够把握用户的需求，找到那些连接点，讲述自己的故事，我们成功的几率就会大大提高。

以上是我们简单的案例分享，今后希望有更多的机会跟大家一起合作，让更多的例子能够展现在大家面前。

2

从《碛口宣言》到《碛口新宣言》
——中国古村镇保护与发展的征程与展望

刘沛林发表演讲

刘沛林
长沙学院党委书记、教授、博士生导师

2004年，也就是十五年以前，我曾经有幸参加碛口的古镇保护规划和旅游发展规划，一晃十五年过去了，中间回来过一次，现在这是第三次来。碛口的变化，这几年比较大，但前几年较慢，应该说碛口的变化慢一点也是好事，慢慢地琢磨，慢慢地发展，稳打稳扎。我今天要讲的内容是从《碛口宣言》到《碛口新宣言》，因为当年应邀在这儿作规划的时候，我就提议召开一个关于古村镇保护与发展的碛口国际研讨会，也提议发布《碛口宣言》，我还是起草人。这次感谢吴必虎教授和罗德胤教授，让我再次参加这个会议，再次参加《碛口新宣言》的讨论和发布工作，非常荣幸。我想强调的是，2005年《碛口宣言》发布，对古村镇的保护与发展所起的作用。

我的报告内容分为五个方面，第一是《碛口宣言》的发布，第二是中间有一个《南岳共识》的推出，第三是《碛口新宣言》，第四是从《碛口宣言》到《碛口新宣言》间的社会推进，第五是对未来的展望。

首先，在2004年，山西大学的霍耀中教授邀请我共同主持山西临县碛口古镇的保护规划、建设规划和旅游发展规划，时任住建厅总规划师李锦生同志给予了极大的支持。当时《碛口宣言》发布的会议规模不大，有六十多个专家，但是人员来自于中国、法国、日本等国，特别是有几位著名的老先生，如建设部副部长、两院院士周干峙、国家文物局顾问罗哲文先生等都参加了这个会议。

《碛口宣言》的内容我不多讲了，大家从网上也能搜到，大致的意思，就是说在2004年的情况下，中国的经济高速发展，但当时人们对古村古镇的保护意识很淡薄，还没有多少人关注古村、古镇的保护和发展，尤其是保护，城镇化的进程加快，很多古村古镇都毁掉了，甚至是快速损毁。我觉得当年的《碛口宣言》最重要的一个作用就是呼吁全社会来关注古村古镇保护，唤醒大家的保护意识。所以当时的《碛口宣言》从三个方面来呼吁，一个是各级政府要加强引导，一个是社会各界要增强认识，再就是大众和原住民要积极响应。政府当然是一个主导性的角色，社会各界要达成共识，当地的老百姓也要提高保护的意识，大致是这么一个意思。

应当说，当时的《碛口宣言》是在快速城镇化的情况下，对急剧损毁和消失的中国古村镇的抢救意识的唤醒，是对政府、学界、村民和社会参与者的呼吁和引导，对刚刚起步的“中国历史文化名镇名村”保护工作，起到了积极的呼应、强化和推进作用。2003年国家第一批历史古村古镇发布，2005年我们开会期间第三批发布。

在2015年的时候，也就是《碛口宣言》发布十周年，我们感觉到中国的情况发生了很大的变化，中国各级政府都在高度关注古村镇的保护和发展，尤其是社会组织和地方居民保护意识显著提高。在政府层面，住建部、文化部、国家旅游局、民政部、财政部、发改委都纷纷担负起保护的责任，发布了很多保护制度和措施，还出台了多样化的保护名录。但是我们感觉到一点，由于国家层面的重视，各部门都重视起来了，甚至出现争先恐后重视的情况，但是都各搞一套，各自为政。那么这个时候就需要有一个协调的行动，要呼吁大家不要浪费资源，应该携手共进，共同推进古村镇的保护和发展。所以我提议在南岳衡山下的南岳古镇召开一个会议。十多个学科以及来自政府、企业、社会的相关人士参加了这个会议，会上颁布了《中国传统村镇协同保护与发展南岳共识》，前面叫《碛口宣言》，这次叫《南岳共识》，要求各行各业携起手来，协同保护，所以达成了一个共识。《南岳共识》发布后，对古村镇的进一步保护和发展起到了非常重要的作用。它的内容有这么几点，值得重温，仍不过时。一是强调学术界应充分挖掘传统村镇的历史、文化、经济、科技及思想等方面的价值，准确阐释中国传统村镇的内在价值和传承意义，正确引导和培养广大国民对中国乡土文化的自信，促进乡土文化回归，让传统村镇所蕴含的深刻思想文化和人文精神在新型城镇化建设和新乡村生活的重构中得到有效发扬。二是社会大众应进一步增强传统村镇保护意识，充分认识传统村镇保护的社会责任和义务，大力发展传统村镇保护志愿者组织，尤其是非政府组织，也就是加强民间的保护，鼓励广大国民成立多种形式的传统村镇保护联盟，鼓励各地传统村镇成立乡村保护组织。在20世纪60年代，日本很多传统村镇都自发成立了村民的保护联盟，就我们的碛口而言，也应该由老百姓自发成立碛口保护联盟。三是政府部门之间应建立关于传统村镇统筹保护、协同发展的合作机制，打破因各自为政而导致的传统村镇重复建设或保护缺位等不利局面，提高政府政策和措施对传统村镇保护的实施效应。四是各个学科领域和社会各界应凝心聚力，加强交流和沟通，围绕传统村镇保护与发展的共同问题，集思广益，取长补短，协同攻关，共同解决传统村镇保护与发展的难题。五是传统村镇保护与发展应充分考虑所在区域自然环境、历史文化、风土人情、民族宗教等方面的差异与特点，因地制宜，展示特色，彰显个性，不同地域的村镇风貌应该体现不同地域的聚落景观元素，形成真正具有中国特色的地域性村镇景观。六是传统村镇保护与发展的方式应多元化、多样化，要充分利用现代科技手段，广泛开展传统村镇景观的数字化保护和三维虚拟展示，鼓励在此基础上建立传统村镇虚拟博物馆和虚拟旅游景区，促进网络虚拟旅游产业快速发展，达到低碳、绿色、环保和资源永续利用的目的。七是传统村镇保护与发展应该在法律法规保护的基础上，兼顾各方利益，细节不讲了。八是传统村镇保护应注重村镇的整体保护，包括村镇生活、村镇文化保护。保护的根本，除了保护民居建筑、空间格局和非物质文化遗产之外，其重点是使被保护村镇活化，所以咱们今天的主题是“活化”，我们的保护最终是让它活化，不能是死水一潭，是居民生活的真实化，不是做假的东西，更不应使其成为“化石”般的陈列馆。村镇居民的积极参与是确保传统村镇“活态呈现”的前提。九是传统村镇保护与发展应该慎重选择产业发展模式，发展旅游产业不应是传统村镇发展的唯一路径，尤其要避免因过度的开发和商业化而扰乱村镇居民的日常生活，破坏传统村镇文化氛围和环境。十是传统村镇保护与发展行动应该以打造历史与现实辉映且充满田园诗意、舒适美好的人居环境为目标，也就是说村落还是村落，不是城市，保护是发展的前提，保护的最终目的是为确保最有效的发展。这是在《碛口宣言》基础上形成的《南岳共识》。

然后是《碛口新宣言》的出台，昨天咱们发布了《古村镇保护与发展碛口新宣言》，罗德胤主席已经说了，还在精心打磨，会在进一步完善后公布。

三次宣言的发布，前后是一个什么关系呢？我个人理解，十四年前《碛口宣言》的发布是对保护意识的唤醒，《南岳共识》的发布强调的是多边协同，《碛口新宣言》应该是智慧的发展，智慧古镇、智慧旅游的建设是关键。昨天有同志跟我讨论，碛口现在存在什么问题？我说互联网这个因素它利用得不够，应该把碛口所有的民宿、接待设施、旅游商品等都上到网络上，因为现在旅游的年轻人是不跟团出来的，是自己来的，自己来之前需要做攻略，就像前一位蔡志勇先生的报告一样，所谓穷游也好，背包游也好，必须先从网络上了解一个景区的所有状况，而且先把房间订好，来了没地方住也不行，所以一切都在网络上进行，这是未来的方向，我们碛口在智慧化的旅游生活方面还要积极努力，让大家来之前下好单、订好房间，通过网上的评价监督，自觉提高服务质量。比如，一个客栈好不好，网上有评论，为了得到好评，它会自然把它的服务做好。

再谈谈从《碛口宣言》到《碛口新宣言》间的社会演进。首先是《碛口宣言》推动了很多国家层面和民间层面的政策或法规出台——2008年国务院颁布实施《历史文化名城名镇名村保护条例》，2012年住建部和国家文物局出台了《历史文化名城名镇名村保护规划编制要求》，2012年8月出台了《传统村落评价认定指标体系》。其次是保护类型和措施多种多样——评选公布了多批“中国历史文化名镇名村”，普查公布了多批“中国传统村落”，共6799个，推出了多种形式的特色村镇的评审，各地纷纷启动了地方性“历史文化名镇名村”评审，很多全国性的组织也随之诞生。你在百度上搜索一下，有关古村镇、古镇古村、传统村落、历史文化村落这些名词的条目都是上千万条。

对未来的展望可以概括为五句话：第一句话，古村镇的活态保护是关键。古村镇要继续作为原住民的生活空间、生产空间，要能承载居民的生活和生产，要始终作为一个活态博物馆或者生态博物馆。第二句话，古村镇特色保护是根本。一定要强调古村镇特色，中国有这么多古村镇，一定要把握自己的特色。一村一特色，一镇一品牌。比如说湖南长沙的湘江古镇群中，乔口镇是渔港小镇，书堂山是书法小镇，新康镇是戏剧小镇，铜官镇是陶艺小镇，等等，特色都非常鲜明。第三句话，古村镇文化保护是灵魂。当年在碛口作规划，为了体现文化的要素，提出了一个“景观信息链”的规划理论框架，运用实施后，效果很好。第四句话，古村镇产业发展是保障。也就是说一个古村镇要持续发展，必须有它的产业，除了旅游产业之外，还要有相应的其他产业作支撑。最后一句话，古村镇休闲体验是未来发展的重要方向。要将古村镇打造成有文化底蕴的乡村人居之地、人们对乡村生活充满好奇的休闲体验之地、活态乡土文化博物馆的体验之地。未来的古村镇就应该是这么一个概念和愿景。

概言之，每个古村镇都应该切实保护好自身的文化基因，彰显独特个性，增强地方感，提高可识别度，加强智慧管理，增加吸引力，从思想到行动做好拥抱新发展的准备，新时代要有新发展。

3

传统村落的文化与旅游融合：路径与机制

张朝枝发表演讲

张朝枝
中山大学旅游学院教授

我们谈到传统村落的时候，总是将它跟旅游挂钩，但是我们有没有想过一个问题，为什么古村镇具有旅游吸引力？也就是说我们在到处寻找古村镇开发旅游的时候，有没有想过古村镇的哪些方面、哪些要素是吸引游客的？我用百度图片搜索古村镇时，首先是江南的古村镇，然后依次是山西的古村镇、贵州的古村镇、云南的古村镇。但是我发现一个非常有趣的点，所有这些古村镇的照片在百度上出来的时候，都是宏观的场面，都是整体的画面。但如果根据生活经验，其实我们走进每一个村舍、每一栋民宅、每一栋房子时会发现它们并不一定这么雄伟、壮观，也并不是大众游客所喜欢的那种美。但是我们如果从整体来看村落就会觉得这个村落很漂亮、很壮观，为什么会这样呢？因为传统村落展示的是当地人对自然环境的尊重与信仰，实际上村落是一个整体。换句话说，我们走进传统村落，去发现村落，发现这个村落的传统时，这个村落其实是一个整体。某种意义上讲，我们作为游客发现这个村落时，大多数是被外界所引导的，或者说多多少少有那么一点知识然后去寻找它。我们在他乡寻找故乡，并不是在寻找村落的某一个部分，因为对很多人来讲古村镇是遥远的记忆。

那什么是村落？所寻找的村落文化到底是什么？许多许多的历史才可能培养一点点传统，许多许多的传统才可以培养一点点文化。游客寻找的村里面的传统或者文化到底是什么？在学术领域，其实文化只不过在寻找某种记忆。我们曾经有一个记忆，这个记忆并不一定是我亲身经历的，也可能是其他人的，只不过在媒体的宣传中形成了这种认识。那么如何才能把村落文化展示出来呢？如何能既展示文化，又能保护好传统村落呢？我们在长期跟踪地点云南哈尼梯田的一个村落作了一些研究，发现当谈到传统村落的时候，我们无非谈到的是它的自然风光，有民族节庆，有气象要素，也有我们旅游的服务设施，这是一般理解的景观。如果进一步思考的话，传统村落是当地人和当地自然环境不断相互作用、长期累积形成的，大概分为三个层次。第一个层次是生存的需要。人们会选择一个好的地理环境来开辟梯田，这是由自然环境决定的。第二个层次是防御的需要。这是象征性的崇拜，某种意义上是出于安全的需要。第三个层次是情感的归属。人们会有情感的需要，有宗教信仰，也有宗族的传统，一些传统的风俗。这是人在和当地环境不断作用的过程中形成的一些要素。

如果我们进一步分析的话，会发现传统村落在形成过程中，内部道路体系、房子的空间布局有一定的规律。总是在某些部位，道路的利用程度更高，某一个点跟其他点的关联更密切，某一个点跟上面的空间是相通的，某一个点跟其他的相邻空间并不是相通的。也就是说，一个村落在当地人和当地环境不断相互作用的过程中，会自然演变出某些空间相互关联、某些空间其实并不关联的逻辑规律。如果把这个逻辑规律和现状重叠的话，就会发现，村落总是在某些区域形成公共空间，有些空间是私密空间，有些空间是半开放空间，并且在开展商业活动，会有不同的道路网，道路网的利用强度也是不一样的。根据人和自然长期作用的结果，村落中会形成相应的节点。这些节点，也就是道路网当中利用率最高的节点，它真正反映了村寨里面的内生逻辑，某些故事也自然而然地从节点中输出。

我们发现这些村落里面有很多要素在旅游中被忽略掉了。走进哈尼梯田，所有的游客都给梯田或者蘑菇房拍照。但是真正的哈尼梯田的文化在于人和自然在相互作用的过程中形成的生存体系。我们的旅游开发过程，往往忽略掉对整个梯田有真正意义的水在哪里。所以当游客走出这个村落的时候，并不理解水对于梯田的意义和真正的价值。从这个意义上讲，我们做的旅游开发和游客引导并没有真正把它的价值体现出来。

文化的展示跟旅游上的需求到底该怎么结合？结合的逻辑到底是什么？我们现在正在通过一个很简单、很笨的方式，就是对所有传统村落还有历史街区的商铺的类型、比例、结构、距离作了很具体的分析，然后发现这些地方的业态构成有一些共性规律，客栈、餐馆、纪念品店所占的比例分别是30%、30%和25%，还有15%是其他业态。这是巧合还是有背后的逻辑在运转呢？

我们在宣传传统村落的文化价值和传统时总是用一个画面，如江南水乡、小桥流水，所以游客到这个地方的时候，只在乎空间整体的格局是什么样的，总体格局是不是有小桥流水。

我们还发现，老百姓拆迁、安置过程当中的诉求很简单，补偿够就行了，但是对以前公共的房子，他们的诉求就很大。回头看，所有村寨的价值包装以及旅游业态组合之间的矛盾在于，把老百姓的房子改成商业业态的时候，他们是很容易接受的，因为他们觉得房子本身并没有特别高的价值，并不是保护对象；但是我们对传统村落公共空间进行改造的时候，就容易受到攻击和批判。游客某种意义上也是一样的，游客到一个地方旅游的时候，对村民的房子怎么改造、改成什么样子不会真正在意。

在这个演变逻辑下，旅游和文化融合，所有村寨的旅游开发都在讲一个故事。这个故事大家都记得，知道这个故事的人越多，越让人觉得这个地方有文化。所有的历史、传统就是因为传得越久远，越多人知道它，所以形成了记忆。我们开发的现代商业文化，有很多动漫故事里的场景，小孩很喜欢，那是因为我们创造了当代的故事，也形成了集体记忆，所以有集体记忆的故事就有吸引力。因此做旅游开发的时候，第一步是要把故事讲出来，以更好地传播。现在的问题是我们到了古村落，传播的是一个画面，传播的是外面的空间格局，并没有找出真正的故事，并没有找出真正的文化。文化出来之后，要做好展示，把文化包装成可以参观、体验的产品。怎么才能真正体验呢？目前从全球范围来看，最早是博物馆，后来是节庆、演艺，再后来是历史街区与城镇式展示，现在是技术与主题空间式，变得越来越现代化。文化同时也增加商品的附加值，我们会把某些商品演变成一种符号，比如故宫文创，都是把文化中的某个符号演化成游客可带走、可购买的商品。

4

基于核心价值的乡村遗产保护与活用

杜晓帆发表演讲

杜晓帆
复旦大学教授

在文化遗产领域，文化和利用这个话题下，保护往往是很难的一件事情，特别是面对绝大多数希望旅游大发展的听众的时候，好像保护总是拖旅游的后腿。但是我们往往忘了，如果没有保护下来的这些物质载体的话，可能就没有旅游，旅游根本不会存在。

去年年底第五批传统村落公布之后，网上一个叫“五号楼”的网友做了五批传统村落汇总图。全国有那么多村子，只选了六千多个传统村落。选了六千多个传统村落，保护下来要干吗？假如这六千多个传统村落都消失了，中国人还能不能幸福地生活？如果根本的问题不解决，我们保护，包括活化利用都是无法解决的，可能很多结都解不开。即使是同样的古村落、古村镇，这些村落的类型，各个地区的分布是完全不一样的。山西这些村落在形成过程中形成了这种历史的背景，和江南地区或者贵州的那些民族村寨，应该有完全不同的形成过程，所以它们的价值也是不一样的。

在六千多个传统村落的地区分布比例图中可以看到，除了西北、胡焕庸线以西之外，东边是人类比较容易生活的区域。大量的村落都集中在经济欠发达的地区，而不是那些发达的地区。我们在编传统村落管理办法时，对这个也很头疼。那么传统村落的核心价值到底有什么？这次我们简单归纳了几句：人类遗产的重要组成部分，中华文明的物质与精神标识，传承中华文化的重要载体，千百年来中华民族赖以生存的家园，文化多样性的重要源泉。我经常被别人问，假如没有了这些中国的传统村落，中国失去的最重要的东西会是什么？我想可能就是国土没法识别了，没有了这些传统村落，我们的国土很难和另外一个国家区别，可能这是它最重要的意义。

十五年前在云南的时候，我开始了对传统村落的思考。有一个村子当时已经成为全国重点文物保护单位。村子里面虽然有了自来水，但是大多数的村民很少吃自来水。有一个老人八十多岁了，每天花半个小时到沟里去打水，因为自来水是收费的，而且自来水管坏掉了。从那时开始我就在思考，外来者觉得我们保护的村子很美，有着和自己的生活完全不同的一种体验，但是对于当地人来说，这样的生存环境，这样的一些窑洞对他来说是什么？

江西的一个村子，现在旅游很火，十几年前并不火，在这个村子里待的几乎都是老人和小孩。这样一些村落，我们保护它们的意义是什么？它们到底有什么价值？这是提出保护这些村落之前要考虑的问题。在保护过程中，也需要去思考，价值自然需要我们去保护，那么这些村落到底有什么价值呢？如果看《文物保护法》或者一些国际性的文件，我们都很容易理解文化遗产有它的历史价值、艺术价值、科学价值，但是真正地落到实处并不容易。价值的判断很重要，但是价值判断又非常难。比如我们看故宫的金银器，大家都知道很有价值，即使我们不考虑它们的艺术价值和历史价值，砸扁了去卖金子，值多少钱我们也都能算得出来。但是像兵马俑这样大型的考古遗址，虽然我们很难直接算出它值多少钱，但每个人都会知道这个价值是有的。像长城，虽然它已经失去了防御的功能，但是所有的中国人对长城的那种情感，就赋予了它一种很重要的价值。在很长一个时期，特别对于文化遗产，我们总认为有一种永恒的价值。其实我想没有永恒不变的价值，价值是被赋予的，而不是它内在固有的，而且这个价值始终在发生变化。

贵州有很多乡村，从远处眺望，大家都觉得非常美。到底它们的价值在什么地方？我们现在看到的村子，比如贵州侗族、苗族的村寨，往往认为它们历史上就是这样延续下来的，我们觉得历史上这些村子全是这样的状态，包括人们的生活状态，大家都希望在未来也能保留下去。但是这样的村子在历史上经常着火，没有一处贵州的侗族和苗族的寨子几百年间没有着过火，我们现在看到的那些寨子往往是在这样的基础上重新建立起来的。那么在这样一个循环的状态下形成的这些村寨，它们的价值到底是什么？其实是需要我们思考的。

在最近的研究中，我认为价值在行动中产生。我十年前也来过碛口，现在已经完全找不到以前的那个记忆。原来碛口非常安静，十年前我来的时候几乎没什么人，现在的状态完全不一样。现在建了这么多新的建筑，其实它的价值已经发生了变化，它拥有的已经不是原来的碛口的那个价值。

我们对建筑不断进行改变的时候，它的价值也在发生变化，没有一个地方的价值是永恒不变的，包括故宫。这就警示我们在做保护工作的时候，包括像碛口这样的村落古镇，我们对它做行为动作的时候，一定要谨慎，不能太轻易地做。我们的每个动作对它的价值都会产生影响，而对这个影响是向好的方向发展，还是向不好的方向发展，需要有一个谨慎的判断。

价值还需要有主客体的思考，不同情境之下我们会产生对价值的不同认知。生活在碛口的老百姓和我们外来的这群人，对碛口价值的理解是不一样的。这个例子很有意思，欧洲人17、18世纪到了美国大陆之后，大量地收集当地印第安人的作品，收完以后放在博物馆展出，印第安人后来认识到他们文化的重要，要求博物馆把这些东西还给自己，很多博物馆把东西还给了印第安人，他们又把它们埋在了地下。因为原住民和外来人对它们的价值体验是不同的。我们在西藏的大昭寺拍了两张照片，一边是藏族同胞在朝拜，一边是游客。在同样的环境中，每个人的姿态都是不一样的，形体语言都不同，所以对价值的理解肯定是不同的。因此我们要意识到这种不同，在文化遗产保护中，特别是用非物质文化遗产来作为旅游资源去做开发的时候，更要谨慎再谨慎。

乡村遗产有什么价值？我简单总结了三点。第一点是它的知识与技艺。我们在乡村可以发现人类过去很早的一些知识和技艺，包括房子营造的技术等，我们从中可以了解人类是怎么生存发展的。第二点是生存智慧。我们去哈尼梯田，往往看的就是这些梯田，但是很少考虑水是从哪儿来的，在这样一个山上，当年在没有提灌技术的情况下，水从哪儿来？这可能是人类更重要的生存智慧。第三点对我们今天来说是最重要的，就是和谐、美和多样性。美对人太重要了，但是现在在乡村和城市里，美的地方太少了，因为我们失去了对美的认知，我们不知道什么是美的，这很可怕。中华民族发展了几千年，我觉得这几十年来失去最多的就是对美的认知。所以现在看到中国的那些城乡，很难说有美的地方。

这些村落的价值不仅在于这些房子，更多的是在于这个生态中人与地、人与自然环境的关系。所以当我们保护一个村子或者拿它做旅游时，如果只考虑房子，这个村子的资源很快就会被消耗完。所以我们希望当地政府能够把旅游的住宿设施移出村子，在村子外边做。

一讲到活用，大家可能都想到旅游。我们把人类社会发展当成一棵树来看的话，文化遗产是除了空气、水和土壤之外的一些微量元素。一棵树不是有了水、空气、土壤就能活得非常茂盛，它还需要一些其他养分，比如各种不同的微量元素，这样这棵树才能变得非常丰茂，才能活得很健康。没有文化遗产，人类社会也能“活”下去，但是可能“活”得没有那么健康。

我们使文化遗产“活”起来之后，很多人认为所有的文化遗产都可以变成旅游资源，这是最大的误区，很多文化遗产是变不成旅游资源的，它们成不了赚钱的机器。保护与活用是文化遗产传承的一体两面，不应该把它们割裂。经济价值只是文化遗产核心价值的衍生价值之一，遗产的核心价值决定了活用的方向和手段，遗产活用体现了遗产具有的社会功能，在价值研究的基础上要对不同地区、不同遗产进行功能性的分级分类研究。

在遗产的保护与活化中，人起到了很大的作用。比如碛口，首先应该是为碛口人而保护，如果为了外来者保护是没有意义的。碛口人待在碛口，觉得很舒适、很幸福，旅游资源就来了。如果碛口人在这儿生活，每天过得很痛苦，让旅游者觉得这个地方很幸福也不太可能。

因此文旅融合要坚持以人民为中心，以人的全面发展和生活品质的提高为目标，以人民群众满意为最高标准，为人民群众创造高品质的生产生活环境，不断提升人民群众的获得感、幸福感，将文化旅游打造成满足人民美好生活需要的幸福产业，而不仅仅是一个观光的、为外来者服务的产业。

我国建设现代化强国必须实现经济、政治、文化、社会全面协调发展。这不仅表现为要实现高质量经济增长，而且必须要将建设一个与文明古国，一个在世界上有重要影响、国际地位加速上升的大国地位相称的文化强国作为一项重要战略目标。因此，在文化旅游过程中我们希望能够为中国在世界上的形象带来更好的影响，我们要在引领世界文化发展潮流、影响人类思想观念变革和价值选择、促进人类社会制度变革创新等方面，作出中国应有的更多贡献。

5

谁的乡愁？谁的家园？

沈阳发表演讲

沈阳

中国文化遗产研究院副总工程师、研究员

对于大会本身，我一直在思考一个问题，因为“村”和“镇”在过去看来，它们的社会功能是完全不同的，在社会经济发展中面临的问题也不一样，所以把这两者放在一起时，我觉得是很难说到点上的。当然，如果不考虑其他因素，只考虑旅游，考虑宏观的保护问题，还可以，但要解决“村”或“镇”的具体问题，应该还是要分开来说。

虽然我也有接触古镇，参加过一些中国历史文化名镇的遴选工作，但对古镇保护利用方面还缺乏实践经验，只能凭借以往的工作经验，围绕古村镇，尤其是和文物沾边的古村镇，从它未来的发展、保护方面谈一些看法。

2013年后，习近平总书记在谈到城镇发展和乡村建设时，多次提出“望得见山、看得见水、记得住乡愁”。那么什么是乡愁？是烟雨中的古村落？或是崎岖的山路，还有歪歪扭扭的屋架？或是透过一个很破烂的木窗看到的窗外的一点景色？我们应该做更多深入的思考。

在此之后，全国上下众多行业提出了各种各样与古村镇保护相关的举措。说起这些举措的时候，我觉得大家忽略了一个问题，就是到底是谁的乡愁？

在古村镇保护和利用中，大家追求的目标到底是什么？文化遗产保护的真正目的是把历史智慧告诉人们，激发我们的民族自豪感和自信心，坚定全体人民振兴中华、实现中国梦的信心和决心。

是谁的乡愁？村镇的保护利用，究竟谁是主角？究竟从哪个角度去思考问题？我觉得乡愁其实是一种感受，是一种眷恋，或者说是对曾经的一些苦难或者是快乐的一种记忆，同时也包括在这里生活居住的人，以及一些外来人。

这是我第一次来这个古镇，我并没有想到乡愁的问题，只是从专业的角度看看这边的建筑有什么特色，生活有什么特点。不过如果若干年后再回来，那时可能会有新的感受，姑且叫作“乡愁”，所以我觉得我们不能脱离记忆去谈乡愁。如果弄不清楚谁是感受的主体，就搞不清楚我们到底是为谁去保护，为谁去利用。在古村镇中，原住民和游客追求的东西是不一样的。原住民希望可以改善生活条件，改变艰苦的现状；而对城市人来说，城市生活比较单调，希望换个环境调节放松一下，所以来到古村落，寻找新鲜感。我认为让游客通过一次旅游去体验所谓的乡愁，其实是一个自欺欺人的命题，所以我觉得留住乡愁其实是要留住原住民的乡愁，不是游客来了一次之后就再也不来了。保护的真正目的是实现价值的保护和传承，利用是实现保护目的的一种途径。

接着讲到下一个问题，就是谁的价值？到底是我们这些人所思考的价值，还是生活在这里的那些人他们心中的价值？基于价值的思考，除了房子之外，其实在我们的古村落中涉及的东西是非常多的。现在大家可能更多的是关注如何把房子修好，如何能够把这些房子用起来，吸引游客，但真正很多具体的东西，我们并没有去深入地思考。包括我们去看过的李家山，虽然吴冠中先生把它说得非常好，但是到目前为止，李家山到底为什么好没有真正说清楚。所以我觉得除了房子以外，还有更多更多需要我们去思考的。

还有一个很重要的问题，保护传统村落或者古村落就不可避免地要谈到农村和农民，最后是农业。所以我认为脱离三农问题去谈古村落保护，不论什么思路都一定抓不住核心价值，只能是把房子修得更好一些而已，然后搞搞客栈、搞搞商业。我们现在可以看到很多古村落保护项目，但是我个人来讲还是感觉并不理想，一方面，我们要能够长时间深入地关注一个村落；另一方面，我们不要一味追求模式的可复制性，要抓住传统村落的特色，把它做得更加吸引大众。

在谈完乡愁的问题和价值的问题后，我们要思考古村落保护工作是在做谁的家园，我们又是在为谁来工作。我在宏村的时候，中午时分，走进一个院子，这位老人做完的午饭摆在桌子上，但是不能吃，为

等待吃午饭的老人

什么不能吃？因为一群一群游客不间断地要到她屋子里面转，所以老太太很迷茫地站在那儿。她希望等游客走了，好把饭吃了。祖祖辈辈生活的一个地方，最后自己都不能做主了，外来的人可以随意干扰他们的生活。这个老人其实在这个过程中得到的回报是非常少的。所以前天在西湾村，我也特地问了当地的一个住户，就是我们这些游客来参观，他们的收益是来一个游客可以收两块钱。但是像这个地方一年能有多少人来？当然有一点收入老人很高兴，但是我们该如何协调原住民与游客的关系？

所以我们现在要体会农民的艰辛，特别是传统农业的艰辛，然后想办法去解决问题。当然旅游可能是其中最简单的一个方法，只要搞一些设施，做一些宣传策划，就可以吸引游客。但是有很多村子可能做广告也不一定能吸引游客，像碛口，如果不是工作需要，我也很难有机会过来。所以我觉得真正的古村落保护还是要解决自身的问题。

我的结论很明确，古村落的保护利用不等于旅游开发，这是一个很明确的态度。

其实我们现在的这种古村落保护利用模式，更多的是把经济利益放在了首位，更多地关注经济效益，甚至把这个东西当成了我们古村落保护利用的一个目标。其实古村落文物的教育和历史传承价值是很重要的，我们应该把这些价值归结到旅游开发中，而不仅仅只关注钱。当然，经营商业是一个很重要的手段、途径，正因为目标不同，所以大家的理解就不同，在考虑一些具体的开发措施时，就会有一些差异。像我们在村子里经常会看到的摊贩，都有雷同化的东西、同质化的东西。

那么能不能去把这些东西加以发扬，特别是实现原住民所期许的价值，我觉得大家都应该有这样的一个思考。我们可以通过传统的生态延续，去维护原住民的存在，改善他们的生活条件，也可以通过一些产业的调整，发展新兴的农业、旅游。所以留住烟火气、留住原住民才是在古村落保护中大家真正应该做的事。当然，我们也要积极面对“保护”和“利用”的问题。我一直认为活化利用是全社会的事，不仅是国家文物局的事。其实国家文物局存在的价值是保护和管理文物，它只要给活化利用划出圈来就可以了，在这个圈里头只要不违背相关法规就可以。我们现在涉及的特别是古村落、古镇这类对象，不可能所有的都同等对待，因为毕竟我们国土有限、人口众多。如果遍地的古镇、古村落都去保护的话，现代人恐怕很难有生存的空间。所以我觉得我们必须通过价值发掘，把真正需要保护传承的东西留下来，其他的一些东西要适当舍弃。

徽州十年前就搞了“百村千动”的项目，迟迟没有进展，为什么？因为村子太多了，政府没有这个能力，社会其实也没有这个能力，所以应该找出这上百的村子各自的特点，选出代表集中去工作，可能这样更有实际意义。所以我觉得对于古村落、古镇，还是要去甄别它们的价值。

我们一定要正确理解利用的效率。一个古镇上人来人往就是旅游好吗？旅游要达到的效果到底是什么？旅游的品质好不好？其实这是关键。我来了碛口以后只体验到人多，前天去李家山的时候一进村就有一百多个学生，整个挤在那个村子里，我们就基本上在一些孩子中间穿梭着，所以我并没有真正感受到这个村子。因此我觉得对于利用的理解，首先要关注感受。当然还是要借题发挥，不是直接把这个村子包装得多好，每一个房子都要发挥多大的作用。因为《爸爸去哪儿》这个综艺节目而全国闻名的浙江新叶村，我先后去过三次。第一次去的时候是那个节目刚红没多久，走在村子里的时候，满街都是那些明星招牌，谁谁在这儿吃过饭，在那儿干过什么。第二次去的时候，这种痕迹确实少了很多。到第三次的时候，家家户户的农民都有了自己的一些旅游特色

云南彝族老屋内景

服务，旅游公司也进来了。但是旅游公司在里面很难受，因为家家户户都在做旅游，旅游公司没有事做。所以跟我们提出一个需求——能不能把村子里面最好的建筑，把祠堂租给他们，让他们搞更高品质的建筑。我非常反对，因为这些建筑恰恰是村民自己搞旅游的一个本钱。我说只要农民挣到钱就达到目的了。所以那个公司老板非常生气，吃饭吃到一半就走了，但是我觉得我的态度没错。当然还有其他一些东西，我们需要根据功能做相关的设施，包括建筑的改造以及现代材料的处理。

云南彝族的一个村子也是我们拯救老屋行动的一个点。我们看到屋子外面，家里所有衣服全部堆在那儿，没有衣柜。我问他们为什么不弄个衣柜挂起来，房子就可以整齐一点。但是他们告诉我说，不能放衣柜里，因为那个地方很潮湿，放在衣柜里，衣服都会长毛，所以只能摊在那儿晾着，然后不断用火熏烤，才能保持干燥。

云南哈尼梯田有　个房子，那个房子是经过维修的，但是我们去了以后房子还是那样，因为它的生活形态就是那样，一家所有人就围着一个火塘展开一天的生活，所以那个房子被烟雾熏着。我们给他多好的房子，可能最后他都会延续这样一个习俗，所以我们在古村落保护中还是要考虑这些实际问题。

我觉得乡愁是一种经历、一种回忆，没了曾经的家园、曾经的人，乡愁就只剩下“愁”，古村落也不能得到更好的利用。

五

闭门会议

时间：2019年5月25日上午

地点：碛口记忆

李霞：尊敬的各位领导、专家，上午好。大会期间我们已经举办了非常精彩的主旨演讲、分论坛、资源对接会等，嘉宾们对于碛口和吕梁的资源也有了一些初步的了解。非常高兴能邀请到各位领导和专家来参加碛口古镇的发展闭门会议。我们以一个小规模闭门会议的方式，对碛口未来的发展进行一个深度探讨。首先介绍一下今天来参加会议的各位领导和专家。

吕梁市人民政府副市长　李俊平

吕梁市文化和旅游局局长　吕文平

吕梁市外事办主任　高侯平

临县县长　李双会

临县政府党组成员　郝振杰

临县人民政府副县长、碛口风景名胜区管理中心副主任　张犬照

碛口风景名胜区管理中心副主任和党委书记　李金锋

临县文化旅游局局长　刘卫平

临县林业局党组成员　白利峰

临县通泰运旅游发展有限公司董事长　闫小明

古村镇大会主席，北京大学城市与环境学院旅游研究与规划中心主任、教授　吴必虎

清华大学建筑学院副教授　罗德胤

穷游网总裁联合创始人　蔡景晖

天空的院子创办人，小镇文创股份有限公司负责人　何培钧

长沙学院党委书记、教授　刘沛林

山西大学教授　霍耀中

大地遗产总经理　黎筱筱

我们首先请张县长为我们介绍一下碛口的情况。

张犬照：碛口古镇历史悠久，资源丰富，文化厚重，主要获得过

历史文化名镇名村、重点文物保护单位和中国传统村落三大荣誉称号。碛口镇是第二批中国历史文化名镇，西湾村是首批中国历史文化名村，李家山村是第四批中国历史文化名村，孙家沟村是第七批中国历史文化名村，寨则山村、高家坪村是山西省历史文化名村。由16处古建筑组成的碛口古镇建筑群是第六批全国重点文物保护单位，其中以荣光店、新华商行、贸易局天聚隆、永顺店、广生源、十义镖局、长兴店、祥记烟草、兴胜韩、洋火店、义记美孚、当铺、黑龙庙、西湾东财主院、陈氏祠堂、李家山新窑院、寨子山毛主席东渡路居处为核心建筑。西湾村、李家山村、寨则坪村、寨子山村、白家山村、尧昌里村、垣上村、小塔则村、白道峪村9个村是中国传统村落。

碛口现存有大量保存完好的明清时期建筑，主要有货栈、票号、当铺等各类商业性建筑、寺庙和民居等，几乎包括封建制度下民间的全部典型漕运商贸集镇类型，与周边古村落共同构成了完整的古村镇体系。

一、规划工作

近年来编制完成了《碛口古建筑群保护规划》和《碛口省级风景名胜区总体规划》两部纲领性规划。2014年铺开的《碛口国家级风景名胜区总体规划》已通过国家八部委评审，近期将上报国务院批复实施。《碛口国家级风景名胜区详细规划》及其他相关项目规划设计也正在编制。同时碛口五里长街是古镇的重要节点，2009年我们聘请了北京中外建筑设计有限公司编制《五里长街风貌恢复设计》。2012年编制了《李家山历史文化名村保护规划》，其他各传统村落规划也正分别启动编制。《碛口古建筑群保护规划》等的编制实施，使碛口古镇的保护和建设工作有了法律和法规指导，形成了完整的规划体系，便于更加合理科学地开展保护。

二、保护工作的实施

1. 国保文物立项保护

碛口古建筑群是国务院公布的第六批全国重点文物保护单位，我局争取到了国家文物局对碛口古建筑群保护整体立项修缮。2012年起，陆续完成十义镖局、当铺、商会、荣光店、毛主席路居处、广生源、兴盛韩等7院的修缮施工，同时今年计划铺开3院国保院落修缮工程施工，以及剩余8院文保单位修缮设计和前期工作。争取在2020年之前，国保文物建筑全部修缮完工。

2. 历史建筑保护

（1）濒危历史建筑抢救。争取各级各部门资金陆续投入到对碛口四十眼窑院、天聚永、长兴店、官盐局、西湾岁进士院、李家山东财主院等40余处濒危历史建筑的紧急维护中。特别是从去年以来，县政府投资力度加大，统筹考虑，分期分批实施保护，累计投资近2000万元，拆除不协调建筑、修缮破损建筑、恢复塌毁建筑5000余平方米。项目的实施既保护了碛口古建筑群中重要院落现有的特色景观，又使碛口古镇的历史文化信息得以长远延续。

（2）五里长街立面恢复。2011—2012年，临县政府投资420万元，由碛口景区管理中心实施了碛口明清街重点店铺修缮和复建工程，改造完成了明清街沿街全部重点店铺。利用山西省住建厅“百镇建设”专项资金，实施了东市街沿街立面恢复整治，共恢复改造沿街店铺40余个、门面房100余间。目前五里长街只剩余西头入口至运输社段尚未恢复。项目的实施，使五里长街历史街区沿街立面得到修缮改造，古镇历史风貌得以恢复再现。

（3）居民自发补助改造。陆续对碛口及周边村近20处重点院落及建筑进行了修补性修缮改造。严格执行修旧如旧、最小干预原则，按照村、镇政府、景区管理中心三级审批制度，由景区管理中心无偿提供施工图纸，验收合格后，予以适当补助，激发了居民自发保护利用的积极性。

（4）危房改造。碛口镇利用建设部门危房改造资金，在2010—2012年，集中对碛口、西湾、李家山、寨子山等村部分居民的危旧破损建筑进行了修缮改造，共改造了700户，撬动民间自发投资1000余万元。此项工作得到了群众的热烈拥护和积极的支持配合。此种模式也极大地调动了老百姓的维修积极性，起到了很好的攥动作用。

3. 基础设施建设

近年来，在市县大力支持下，沿黄公路绕行碛口古镇核心区道路和景区进出主干道已经建成。争取省市发改委立项投资和临县人民政府配套资金，完成了碛口古镇和西湾村街巷、山体防洪、给水排水、通信管网、路面建设及垃圾填埋场等市政基础设施工程，以及碛口文化遗产地古建筑群保护工程。完成了西湾、李家山、中市街和东市街的景区游客服务中心、步行道、停车场、旅游厕所、绿化等旅游服务设施布局。启动垃圾不落地环境卫生方案，服务水平明显提升。

三、几点思考

一是保护利用碛口，必须跳出碛口，做碛口。所有大型接待中心、服务设施、停车场、娱乐场所等设施，必须离开碛口核心区域，在碛口古镇边缘地带建设。碛口古建、农田犬舍、巷道街面、生活形态、生态环境、文化传承要保持历史风貌的原汁原味，只做用于参观体验、再现历史的景点，供游客欣赏。

二是历史建筑维护原则。对历史建筑的空白补缺，必须与碛口风貌协调一致，还原历史风貌，真正做到修旧如旧。

三是严格控制建设性破坏，必须坚持宁缺毋滥、宁小勿大的原则，用减法不用加法，将已彻底消失的建筑作为遗址保护，绝对不能画蛇添足。

四是环境整治尽量保持原生态，包括树种、花草不求洋，求乱不求整。避免城市化、程序化，减少建筑性破坏和构筑物干扰。

五是必须建设补缺型建筑物，必须坚持化整为零，出出进进，高高低低，不搞整齐划一，形乱神不乱，乱中有序。

四、下一步保护计划

1. 碛口传统建筑持续修复

碛口旅游资源丰富，知名度较高，但引以成名的古建筑正在逐渐破损垮塌，急需抢救性保护。而碛口经过多年保护，西市街和明清街文物及传统建筑得到了有效修复。今年根据县政府指示又整治了黑龙庙片区，效果很好。目前，不协调建筑和破损垮塌建筑主要集中在东市街和西头村古镇入口片区，要实现全部整治改造，估计还需投入资金1亿元，我们计划统筹考虑，分批分期实施，进行常态化、目标化的持续保护。

2. 筹划碛口基础设施建设。

碛口地处乡镇，基础设施硬件条件较差。因此临县政府计划将碛口基础设施建设项目整体打包，纳入PPP项目，申请资金或贷款。该项目包括碛口旅游道路、污水处理、垃圾处理、供热供气、绿化亮化、民居保护等8个子项目，总投资额4.8亿元。目前项目相关规划设计已完成，正在进行项目前期准备工作。

3. 策划建设碛口驼队公园

三碛公路湫水河南侧、寨则坪侯台段建筑基本都是现代建筑，甚至很大部分是违章建筑，既影响进入碛口的首要形象，又严重干扰中国历史文化名村西湾村的视觉审美效果。历史上这块区域就是西湾村的良田，构成西湾历史文化名村的文化内涵和要素。根据碛口总规要求和从申遗的角度出发，这片区域的现代建筑必须坚决予以拆除，恢复自然景观。拆除后的部分安置可放在规划新区，以带动移民新区发展。这块区域拆除后可以创新策划一个公园经管项目，暂取名为驼队公园。在约2公里的范围内通过井管打造，配合湫水河断面整治，再现湫川孔道驼铃震天响的胜景。

李霞：感谢张县长的介绍。这两天我们在碛口看到古街巷的建筑，看到一些民俗的内容，包括饮食，等等，感受到这个古镇里面一些很细节的东西。同时也在会场听到一些领导专家的精彩发言，感受到了一些外来视角的碰撞和交流。我先抛砖引玉，希望能够通过这次会议，听听领导们从市级、县级出发对碛口发展的一些期待。

第一个就是刚才张县长介绍到过去的保护情况和未来的保护计划，如何在保护的基础上，更好地活化利用，带动社区发展？因为这个古镇还是一个活着的古镇，一个很多人在这里生活的古镇。如何把保护利用和社区发展结合起来，形成一个更好的局面，我觉得这可能是大家很关心的问题。

第二个就是中国古镇旅游发展实际上已经有二十多年历史。从第一批江南古镇这种观光产品，到乌镇自己更新迭代的第三代古镇产品可以看出，我们现在对碛口古镇要进行全面的利用并发展文旅项目。未来碛口会成为一个什么样的新一代的古镇文化旅游目的地？我觉得可能专家们有一些好的建议。

第三个是碛口古镇在临县和吕梁市是一个龙头资源，如何通过古镇的发展去带动临县，甚至是吕梁市整体文旅产业格局提升，乃至对在乡村振兴大战略背景下的整体发展有好的影响和促进？这个作用如何发挥？

上面这些问题是我这两天在碛口的感受与思考，我们首先请专家发言，回头请市领导对整体做一个总结和展望。

黎筱筱：其实我是第一次来到碛口，来之前没有太大期待，但我来了之后还是非常喜欢这个地方的。因为比如在黑龙庙看着黄河，听黄河流水的声音，我觉得特别有历史的感觉，感觉自己真的触碰到了中华文明跳动的脉搏。所以我自己的粗浅判断是：一是碛口靠近黄河，处于华夏文明中心区这样一个区域范围；二是黄河沿岸其实很难找到第二个像碛口这样跟黄河关系这么紧密、枕着黄河入睡的古镇生活场景。我觉得这两点可能是碛口最大的核心吸引力，而且是面向全球华人市场的吸引力。

接下来，结合我们的工作或者我们这一边能够做的事情来谈一下我对于碛口下一步提升工作的一些建议。这里除了有碛口这个古镇，周边还有很多的传统村落。这些传统村落跟古镇，其实也是有文化上的相连性的。以前碛口古镇的古街是用于经商的“CBD”，周边的传统村落则主要供居民居住。如果一个一个去做传统村落规划或者说古镇规划，很难体现这种文化价值。所以我觉得可能还是要基于价值研究基础做一个整体片区的文化遗产保护与活化利用总体规划。这样一个总体规划，能够把碛口古镇跟周边这些村子的文化关联起来。未来去保护跟活化利用时，对各个村子差异化定位，对功能上面的协同性就会有一个很好的统筹考虑。

在这样一个总体规划的基础上，我们可以针对一些具体遗产空间做出适合放在这个地方的内容跟产品。比如李家山可能更偏向于服务艺术写生功能，西湾村可能更偏向于高端精品民宿、遗产酒店集群，古镇则承担景区社区相融合、以大众观光为主的功能。针对不同片区有一个具体定位之后，对片区内遗产空间的内容植入才有一个更清晰的判断。

还有一项很重要的工作，就是面向全球的营销跟推广——怎么把碛口的故事，碛口跟黄河的紧密关系，能够让全球华人激动的这些点挖掘出来，然后宣传出去。

大工作就讲这几项，另外我想谈一下需要注意的地方。

第一个关注点是，像碛口古镇我们要做它的产品提升、活化利用，但并不意味着要把原住民赶走。这是前几代古镇产品呈现的方式，但我们要做的创新，就体现在景区跟社区的紧密融合上。其实这也是文旅融合的一个方面，主要体现在我们打造的旅游产品不纯粹从市场角度出发，而是要提升当地的生活氛围、公共文化服务，使社区总体的文化精神层次能够提升起来，从而形成吸引外地客人的一种旅游吸引力。这需要处理社区跟景区的紧密关系，利益要协同，要更加关注在留下原住民的情况下，怎么赋予它很好的旅游吸引力。

第二个关注点其实跟第一个关注点密不可分。我们很多时候提到文化建设可能并不是砸钱盖游客中心那么简单的事情。需要拿出一部分钱来，去做软性的公共文化服务建设，相当于是补基础设施里的软性短板，这一项工作需要政府重点做。

第三个关注点跟资本进入有关。因为我们也接触很多古城古镇类项目，也做很多研究。其实对于政府来说，比如可能大资本进入，或者多种资本进入，面临怎么去管理它、引导它，然后让它们放心地把钱投进来的问题。还要处理好资本进来之后方方面面的一些关系，包括资本的退出机制，让它们能够放心地进来，也能够很好地退出，同时又能够跟我们整个的发展格局保持一定的平衡与协同。

蔡景晖：刚才提到分层那几点我很感兴趣，其实很多国外的目的地都会有分层考虑。因为游客分为大众游客、高端游客，每个人都有不同的需求。我们可以举一个例子，泰国普吉岛为各类游客提供不同分区的产品。比如你是一个爱热闹的人，可以到芭东海滩，那里什么都有，有各种表演、酒吧，非常热闹，夜生活丰富。如果是家庭出游，希望安静，有针对家庭、情侣的度假村、海滩，这种分层很明确。对于我们来说，像刚才我们提到的碛口，包括周围的村寨，是不是可以做这样一个划分？通过什么实现是政府要去规划的，比如哪一个村寨更适合做得相对高端、消费更高，包括设施、酒店。

住宿也是特别值得重视的一个考量。在国内旅行非常关注的一点是住，这几年关注度更是明显上升。怎么样能够住得有特点？我们的目标用户如果很多都是城里人，都有消费力的话，他们在自己的家里实际上拥有比较舒适的环境，对于乡村固然有想象，但是可能也希望在乡村亦能够得到舒适的环境。也就是说，住在表面是原汁原味的乡村建筑中，内部的舒适感不能丧失，比如卫生间布置等。

此外是关于传播点的事。我们都知道碛口有很多资源，但是拿哪个资源作为主打，其实很有考验。因为我们很难选出碛口最打动人的一点。刚才提到黄河，这当然是一个很好的点。但是我们今天有自己的文化表达，新东西才能让年轻人更喜欢。年轻人很重要，因为他们能够传播，而且传播力很强。只有年轻人真的喜欢，这个地方才能火。昨天有演讲嘉宾提到布老虎、布麒麟，后来我去看那个大娘，她说演讲之后她的销量提高两倍。我觉得像这样的点，很有意思，其实都值得挖掘。那些正在生活着的人，本地老百姓创造出来的文化，才是真正能够打动游客的点，也有机会可以放大。因为现在东西做得相对比较小，如果大娘可以做更大的规模，可以考虑做标志性的东西，无论是传播还是用户体验都非常好。这是一个点，如果挖掘出来将会是碛口一个新的生活中的东西。

霍耀中：我的第一个身份是碛口本地人。我姥姥家在李家山，姓崔；姥爷是碛口人，身上也流着碛口人的血。我另外一个身份是画家，2000年以前我一直画画，我的画离不开碛口。确实好多艺术家来碛口，其实最早来碛口的不是吴冠中，是我带画家在碛口写生以后产生了影响，中央美院一下子炸锅了。后来我带中央美院好多画家到这里后，他们非常震撼，就不停地一批批来碛口。是这些画家来这里使吴冠中想到来碛口。

各位专家讲古镇保护发展和活化，其实能引发好多思考。我一直在说以前觉得碛口保护太慢，发展太慢，好多地方发展起来了，但碛口没有。后来我在山西省住建厅参与传统村落保护发展方面的研究，走访学习周边一些经验。我发现碛口没有变样，是慢慢保护，慢慢修复，在管制方面做了好多工作。我感觉碛口的保护做得很好。但在旅游发展中，我们要思考最终想把碛口发展成一个什么样的古镇。我去过西班牙，去过意大利，对比好多国外的历史村镇，觉得它们不比碛口好多少。如果碛口被我们保护得好，可能在未来中国文化旅游中就是一个国际级的产品。所以现在不要盲目跟风，要从国际视野来看碛口应该发展成什么样。

同时我们要思考通过什么途径让人家知道我们，我们不光要做强，还要打出去，更重要的是我们要融入山西旅游发展大市场。我们不能孤立地认为把自己做好就能够发展起来，实际上首先要融入市场。保护活化专家发现了一些表象的东西，我觉得非常好，实际上好多传统的东西，具有碛口特色的东西我们还没有把它们变成产品，比如我们的粮油故道、黄河码头等。黄河产品创意中，我们可以少投资见效果。外部专家有很强的市场意识，同时也有很多的经验，可以把好多经验嫁接在我们碛口。但是我们自身的产品，和别人不一样的产品怎么挖掘培育出来？所以需要对文化有深度的理解。

发展方面，还是要像现在这样有机生长，稳步发展。当资源被破坏、再修复的时候，其实已经没有办法了。我们现在的黄河文化应该以河运为核心，现在古镇没有了船文化的体现。我理解的碛口，除了有一些晋商带来的物流空间，更代表了一种市井文化，不是大商人文化。曾经的碛口古镇主体有两个族群，一个是车夫，一个是船工。如果对车夫与船工这种特殊的文化要素挖掘到位，黄河文化我们就占了一席之地。要把碛口文化定到一个合适的位置上。晋陕峡谷山西这边可分三段文化：很浪漫的河曲文化，听河曲民歌就能感受到；小市井的碛口文化，伞头秧歌对唱和顺口溜都是直白的市井文化；风趣诙谐的河津文化，是河东文化和农耕文化土壤中生长出的晋南乡土文化。所以如果碛口可以展现像日本浮世绘那般的小市井文化，发展起来就有特色。然后再研究一些具体的产品和旅游服务方面的事情，走出去看一下民宿怎么经营，怎么把人吸引来再服务好，还有什么可以与黄河文化结合在一起，等等。我们要有自己的东西，现在看来硬件环境我们不会差于其他地区，但是我们发展的思路和经营的思路，包括素质都需要提高。

刘沛林：碛口有旅游产业支撑，但怎么发展起来我觉得很重要。

第一个是从营销角度来说还要下大力气。营销就是政府可以做什么。我去过很多县、市，发现很多景区都有奖励政策，旅行社可以得到补贴。政府可以起很重要的引导作用，可以出台旅行社引客奖励办法。

第二个是网络营销方式，它是当代旅游营销最重要的手段。每个客栈、饭店、宾馆，都应该可以在网络上预订。比如进入携程、途牛或者其他网站后可以看到黄河客栈有多少床位，硬件条件都可以看得清清楚楚。现在年轻人这个群体旅游不跟团，都是自己找地方随时去玩。他们要找一个可靠的、吸引他们的地方。这个地方好，我看中了，但是得先把宾馆定下来。在网上下单付款，交押金，一切都可以安排好。网络是很好的东西。政府要监督，酒店才会越办越好。形成竞争优势和态势也是很重要的营销手段。过去农村没有电子商务，东西卖不出去。临县红枣原来滞销没有人知道，有电子商务以后供不应求。现在看来，碛口的信息化营销这一块非常有潜力。

何培钧：我是第一次到这里，但是我在读中学时就有念过黄河地理课跟历史课。对我来说碛口很特别，东西非常好，晚上休息时觉得黄河可以陪在旁边，这些感觉非常好。我的认识非常有限，大概只能根据工作经验，跟大家做一些交流与探讨。

景区从以前早期的大开发慢慢转入持续发展，从观光角度转向教育角度。一方面教育外来游客，一方面教育当地居民。所以我们开始会很清楚地让每一个游客到这个景区消费和停留，要保护景区内的文化用地、生态用地。景区消费产品和服务都为了让景区永续发展，重点必须要让当地村民能够有所参与。其实昨天早上我在大会听到徐腾的演讲，他的做法跟台湾非常类似。让当地居民可以做出自己家乡独一无二的产品，但是必须要有专业辅导，然后慢慢地通过居民参与做各种产品，农业也好，文创类、布类、金属类、手工艺类也都可以。做出属于当地的产品之后，会进入当地民宿空间。所以我们民宿里面大部分吃的、用的，桌子、椅子，都能够在当地生产。

当游客住进这些地方，用了里面的东西，就可以把桌子椅子都买回去。用手机一扫，整个民宿四五十个产品都有当地居民的故事。也就是民宿除了是一个运营的商业载体之外，同时也培训当地居民，提升他们的素质。其实政府是最希望居民整体素质提高的，所以不管怎么做，只要给居民灌输观念，政府政策后面再进来，效益上就能够精准对应。

我国大陆很多的项目体量非常大，它们的建设速度超过内容的挖掘速度，所以很多地方只要一深入运营，内容就会非常单薄，因为大部分的业态都是批发外面的货进来卖给游客，跟当地没有任何关系。一致化，雷同化，没有特色，使经营变得非常弱势。这需要政府花一点时间在做项目的观念上，要孵化出接地气的内容，要孵化出关于地方发展的论述，要让当地居民努力参与进来。这样才会出现一个很好的脚本，才可以讲出很好的感人故事。不再只是大建设大消费，需要转变观念。我经常讲一个例子，一个地方一年10万人来，在这里每人种一棵树，二十年后这里以后就变成一片森林。可如果游客到这里只是制造垃圾，那么未来这个地方可能居民都会搬走。所以我们一直想怎么能够把更持续、更聪明、更精准的做法和机制，比如对景区、社区还有未来人才的培训培育，变成一个运营过程当中能够达到的目标。

罗德胤：我觉得政府办事要平衡自己的角色，不能什么事儿都干。碛口政府要干两件事。

第一件事是要占领文化高地，真正能够证明自己就是“九曲黄河第一镇”。所以可以考虑三点，第一点就是能不能搞一个碛口艺术季，每年一星期，这是非常有影响力的，而且有爆发力，特别适合激发艺术家的创作灵感。第二点就是每年上一批三到五个小型的高水平的建筑设计项目，如小博物馆、小茶馆、小咖啡馆。每年上三到五个小项目，单价高，总价不高，负担不会重。第三点就是每年要出版一批书。

第二件事是要培养人才。人才分两类，一类是在地人才，比如做布老虎的，不是人人做得好，哪怕只有一个人，也要支持他努力做好，而且这样的人，特别需要政府支持。一般艺术家可能都不是特别好打交道，但是他们是流量，因为有个性，作品有特点。而且有一些高人，这些人尽量去扶持，让他们好好地待在这儿，在这里生活，搞创作。给艺术家免费提供场地，让他们踏踏实实待着，不断生产文化内容。另一类是外地人才，所有今天到会的演讲嘉宾，还有好多没有演讲的、有一技之长的嘉宾，要挨个对接，要反复沟通，这就是外地人才。要把他们当自己的合伙人，碛口合伙人。

吴必虎：碛口目前作为一个旅游产品或者文化产品来讲，仅仅作为古镇还不够。枕着黄河睡觉很多地方做不到，但碛口可以做到，这是大的定位。我们不要强调晋商文化，那是用来赚钱的。我们是水陆转运口，特别强调船和骆驼，或者艄公和车夫这两个文化。要沿河放几个骆驼，搞活的文化。另外我们在碛口看不到船，要找一些古船回来，比如民国时那些船。要做到有船，有骆驼。基础设施、民宿、营销这些交给外面的团队。所以如果把黄河文化的深度体验做出来，这个镇子就变成了一个可以让全世界体验黄河文化，体验黄河水运、陆运的地方。河神祭仪每天来一场，这是旅游表演。碛口古镇这个中心要把船和骆驼给体现出来。在李家山举办艺术季，将其变成一个艺术村庄。吴冠中住过的窑洞，可以做成纪念馆，展示他的画作。西湾主打度假产品，有不少很好的大院，这些院子可以做成非常好的、收费可观的精品度假酒店。李家山主打艺术，西湾主打度假，碛口古镇主打黄河文化。

李俊平：专家们讲得非常好，有一些我们以后会继续研究，综合专家意见，再吸收，用于我们碛口古镇的保护和活化。

李霞：感谢各位，我们闭门会议圆满结束。

六 闭幕式

古村镇大会秘书长李永良致闭幕辞

古村镇大会秘书长李永良主持闭幕式

尊敬的各位领导、各位来宾、媒体朋友们：

大家好！

第四届古村镇大会已圆满完成各项议程，即将落下帷幕。几天以来，来自德国、意大利、荷兰、斯洛文尼亚及全国22个省市近800人相聚碛口，共同为古村镇保护与活化事业建言献策，为乡村振兴事业注入强劲的“智慧动力”。在此，我谨代表组委会向所有关心、支持古村镇保护和发展事业的来宾们表示衷心的感谢！

本届大会成果丰硕。举办了主旨报告、专题论坛、资源对接、非遗展演、乡村快闪、参观考察等五大类18项活动。会上发布了《碛口新宣言》，对接了一大批资源，签署了十多项规划设计、民宿旅游、乡村建设等方面的合作协议，形成了一系列推动吕梁乃至山西古村镇保护与活化的务实举措和合作成果，为国内外古村镇可持续发展提供了又一个交流互鉴、合作共赢的广阔平台。

接下来，请允许我介绍参加今天闭幕式的各位领导和嘉宾，他们分别是：

古村镇大会主席、北京大学城市与环境学院旅游研究与规划中心主任、教授　吴必虎

古村镇大会执行主席、清华大学建筑学院副教授　罗德胤

吕梁市人民政府副市长　李俊平

吕梁市文化和旅游局局长　吕文平

吕梁市外事办主任　高侯平

临县县委副书记、县长　李双会

临县人民政府副县长、碛口风景名胜区管理中心常务副主任　张犬照

以及没有离开大会的各位演讲嘉宾老师和参会代表。

让我们再次以热烈的掌声向大家表示感谢！

古村镇大会主席吴必虎闭幕致辞

古村镇大会闭幕式现场

每一次结束都是一个新的开始。刚才大会秘书长提到，这次在碛口古镇举办的第四届古村镇大会已经成果初现，我们邀请了很多嘉宾，成功完成了主旨报告，“乡村振兴”“文旅融合”“保护与活化”专题论坛，资源对接，拾一文化小径，乡村快闪等五大类18项活动，来自德国、意大利、荷兰、斯洛文尼亚及全国22个省市近800人参加了会议。碛口作为一个远离中心城市的古村镇，接待能力和配套设施都还不够完善，客观来讲，这次能够接待这么多来自世界各地的参会嘉宾是非常不容易的，这次大会不仅成果丰硕，会议期间还举办了各种民俗表演活动，进行了非物质文化遗产的展示——临县道情戏、黄河埠头祭河神仪式等，这些都是非常重要的呈现，让嘉宾们深刻体验到了本地的特色文化，这与当地政府的努力是分不开的。

据初步统计，通过新浪微博等视频直播平台收看第四届古村镇大会的人数近16万；从大会组织召开起截至今天11点，新浪网、新浪微博上古村镇大会相关内容曝光量超过2亿次；相关微博话题阅读量超过1.1亿次，受关注度非常高。我们联合新浪旅游及微博县域共同组织的

“2019网友最喜爱的十大古村镇”网络投票活动，有170万网民参与了投票活动。从新闻媒体传播来看，共有60家媒体累计发布了110多篇报道。

这些数据表明古村镇大会已经成为古村镇保护和活化共同的话题；在乡村振兴、文旅融合等大背景下，我们发展的目标已经由高速增长转为追求高质量的变化。本次大会成功召开并圆满落幕，作为大会主席，我代表大会组委会首先非常感谢吕梁市人民政府、临县人民政府以及碛口当地人民的广泛支持，同时也非常感谢各位演讲嘉宾、各位论坛参与者和出席大会的人员，感谢来自全国各地的志愿者们，感谢社会各界媒体对我们大会价值观的广泛传播。

最后，作为大会主席，我诚挚邀请大家继续关注大会，秉持着“保护与活化”的理念，将乡村地区的文化发扬光大，并将其转化为当地经济的发展的动力，甚至转化为中国作为旅游目的地的一个强大的吸引力。我期待与大家在第五届古村镇大会上再见！

至于第五届古村镇大会在哪里召开，暂且保密，因为我们要在很多申请申办的省市当中进行评估筛选，我们需要进行现场考察评估，之后再综合考虑南北平衡、东西发展、互相交流等方面进行筛选确定。期待着下一届古村镇大会再见，谢谢大家！

吕梁市政府副市长李俊平闭幕致辞

吕梁市政府副市长李俊平致闭幕辞

尊敬的吴必虎主席、罗德胤主席，各位领导、各位嘉宾，女士们、先生们、朋友们：

大家上午好！

美好的相聚总是短暂的，友谊的花朵却会永远盛开。历时两天的第四届古村镇大会，就要在承载了我们共同记忆的古镇碛口闭幕了。在此，我谨代表吕梁市人民政府，向莅临大会的各位领导、嘉宾，向长期关心和支持古村镇保护、文化旅游业发展的各界朋友表示衷心的感谢。

这一次古村镇大会是一次收获满满的大会。大会期间，我们聆听了励小捷、吴必虎、罗德胤、李兵弟等47位国内外嘉宾、学者的精彩讲授，大家畅所欲言，交流思想，分享经验。提出了一系列富有创意的理念、观点和愿景，带来了新的启迪、信心和希望。与会嘉宾紧紧围绕保护与活化这一主题，深度解析古村镇保护传承与旅游业发展之间的辩证关系，在许多方面达成了共识，在2005年《碛口宣言》的基础上，发布了《中国古村镇保护与发展碛口新宣言》，评选出了“2019年网友最喜爱的十大古村镇”。这必将为推动古村镇保护与乡村旅游注入新的精神动能，推动乡村旅游向更高层次更宽领域迈进。

以这次盛会召开为契机，我们吕梁也同样收获满满。市政府与参会的中国民宿旅游界5家企业签订了战略合作框架协议。今天吕梁各县（市、区）与各运营投资商成功签约12个项目，总投资达11.38亿元。特别是荣获这次“2019年网友最喜爱的十大古村镇”评选第五名的碛口古镇，更是迎来了一次旅游的高潮，会议期间，来自全国各地的游客络绎不绝，古老的碛口再次焕发了勃勃生机。

各位领导、各位来宾，当前，吕梁正在“两转”基础上奋力开创各项事业新局面，我们将坚持以习近平新时代中国特色社会主义思想为指导，充分发挥本次大会在吕梁的溢出效应，进一步打造好吕梁“六最”营商环境，以更加开放的姿态，在平等互利、合作共赢的原则基础上，吸引更多优秀企业落地吕梁，更多优秀人才共建吕梁。我衷心地希望并向与会的各位领导、各位嘉宾发出邀请，恳邀大家常来吕梁，为吕梁建言献策，共同建设、共享成果，恳邀大家来吕梁观光旅游，开放的吕梁欢迎您！

最后再次向与会的各位领导、各位嘉宾、新闻媒体的朋友们，向全体工作人员，向支持、帮助本届大会成功筹办的各界人士，致以衷心的感谢，祝各位身体健康，家庭幸福，万事如愿，谢谢！

七

大会集锦

1 考察

大会期间，安排专家们考察了李家山、西湾村。

李家山 徐晓东/摄

考察李家山、西湾村

考察李家山、西湾村

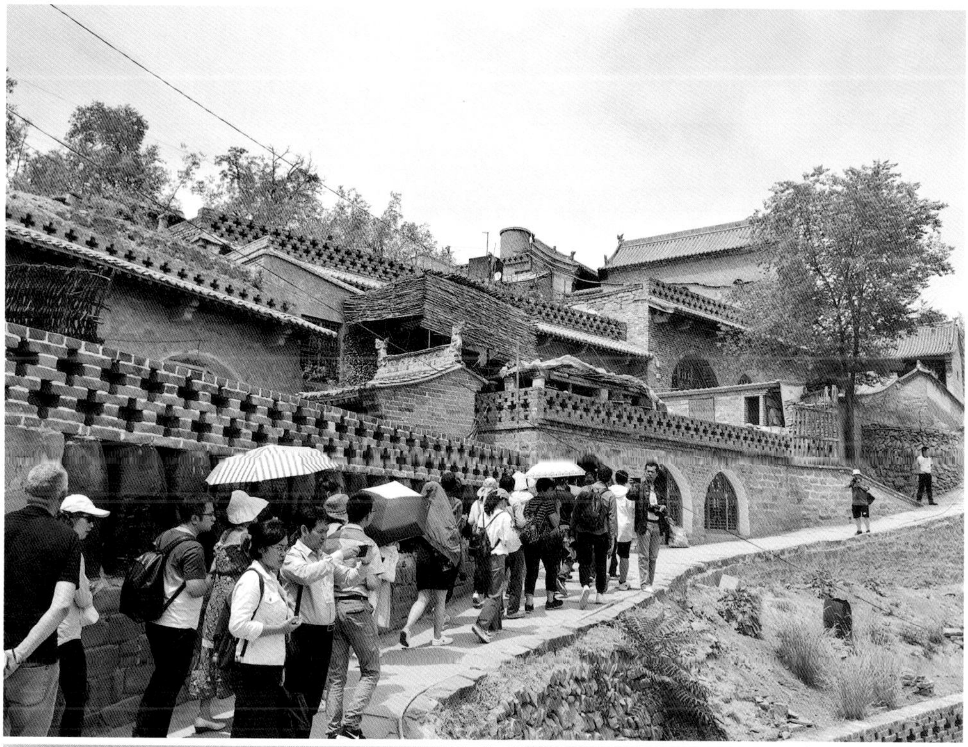

李家山
徐晓东/摄

西湾村

徐晓东/摄

2 “拾一”文化小径

大会期间，大地遗产团队推出“碛口古镇 · 拾一文化小径”打卡活动，挖掘五大主题——水旱码头、天下物仓、南北商贾、百年CBD、黄河剧场。精选八个打卡点，有“山西唱戏陕西听”的黑龙庙，有“一人独战十名悍匪”的十义镖局，还有致力于开拓碛口蓝海市场的海味店丽源通，等等，在空间上串联出一条商贸主题的“文化小径”，邀请清华大学建筑学院副教授罗德胤、《碛口志》主编王洪廷、碛口水旱码头博物馆创建人张金生，从多维视角带领嘉宾透视碛口晋商文化的大历史与小传统。“拾一”文化小径打卡活动别具特色地呈现了一条为碛口古镇专属定制的线上与线下联动、现代与传统碰撞、遗产解说与艺术装置相结合的文化遗产微课堂体验小径。

活动期间，北京大学城市与环境学院旅游研究与规划中心主任、教授吴必虎，清华大学建筑学院副教授罗德胤等专家以及碛口古镇居民、游客共数百人次参与打卡，专家讲解视频播放量达一千多次。碛口古镇 ·“拾一”文化小径对展示碛口历史、推介碛口旅游、促进碛口遗产保护与可持续发展起到了积极作用。

『拾一』文化小径打卡点
徐晓东/摄

3 采风去

风景文创“采风去”团队与古村镇大会一起走进碛口，打造了“美枣佳窑”这一产品，采风、宣传、研发、设计、生产、销售——希望通过这样的方式让更多的人感受碛口人对枣独特的情感，了解当地的物产资源。

风景文创『采风去』团队

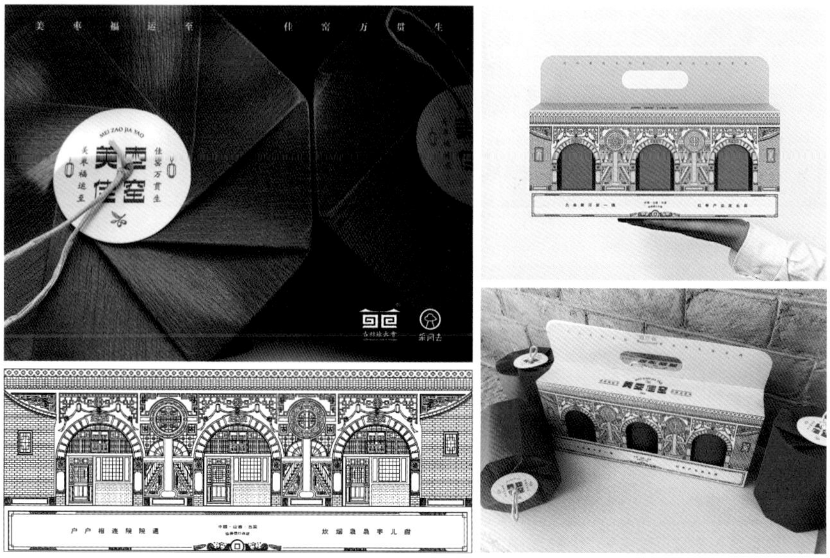

采风去产品——美枣佳窑

4 乡村快闪

超燃的“我爱你，中国”乡村快闪，由四位专业歌手、百人特色民俗表演队、百人“黄河大合唱”志愿队伍、乡村原创乐队联合现场800名观众在“九曲黄河第一镇”进行一场千人乡村快闪，唱响华夏之根，黄河之魂。

乡村快闪现场

5 非遗展演

大会期间，安排了各种非遗文化展演活动，有柳林水船秧歌、临县道情戏、黄河祭祀河神仪式等。

非遗文化展演活动

非遗文化展演活动
徐晓东/摄

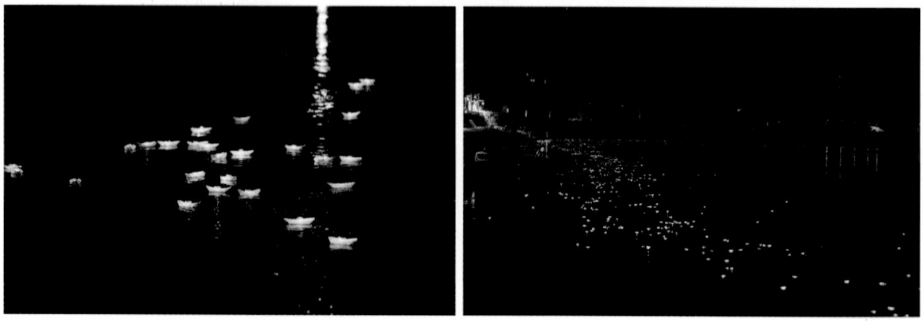

黄河边放河灯
徐晓东/摄

黄河河神祭祀仪式

6 项目签约

经大会招商引资组项目组共同努力，本次大会共签约项目12个，总投资额11.53亿元。签约项目名单如下：

中煤环海物流有限公司白文东铁路集运站专用线工程项目	总投资额4.9亿元 甲方：临县住房保障和城乡建设管理局 乙方：中煤环海物流有限公司
垃圾焚烧发电及生物质热电联产项目	总投资额6亿元 甲方：临县住房保障和城乡建设管理局 乙方：国家电投集团山西可再生能源有限公司
电机生产扶贫产业园区建设项目	总投资额0.2亿元 甲方：临县工业和信息化局 乙方：深圳市环晋电子科技有限公司
离石区信义镇乡村旅游开发意向协议	甲方：离石区文化和旅游局 乙方：大地乡居
方山县张家塔明清古村落整体开发项目意向协议	甲方：方山县文化和旅游局 乙方：大地乡居
文水县北辛店古村旅游开发项目框架协议	甲方：山西宋和文化旅游开发有限公司 乙方：大地乡居
汾阳贾家庄乡村文旅产业提升框架协议	甲方：汾阳市贾家庄腾飞旅游开发有限公司 乙方：翎芳魔镜
交口县乡村文旅产业提升项目框架协议	甲方：交口县文化和旅游局 乙方：翎芳魔镜
交城如金温泉二期康养项目	总投资额0.15亿元 甲方：交城县如金园艺发展有限公司 乙方：广州绿光景观照明设计有限公司
岚县“土豆花开了”旅游开发框架项目	甲方：岚县文化和旅游局 乙方：九七华夏设计机构
孝义市曹溪河700米玻璃栈道及千米玻璃滑道项目	总投资额0.28亿元 甲方：曹溪河森林公园管理中心 乙方：曹溪河欢乐城有限责任公司
中阳布施村乡村文旅产业提升项目	甲方：中阳县文化和旅游局 乙方：寒舍旅游投资管理集团

项目签约仪式现场

7 展览展示

大会期间，在会场外设置了展览展示区，来自全国各地以及本地的众多单位进行了展览展示。

展览区商家的手工作品
徐晓东/摄

展览区的单位展台
姜丽黎/摄

8 碛口夜市

“碛口夜市”为本届古村镇大会参会人员、游客和本地居民提供了一处集美食、购物、休闲等于一体的场所，融入地方特色文化，再现“物阜民熙小都会，河声岳色大文章”的繁华景象。

9 资源对接会

第四届古村镇大会本着“整合资源、嫁接合作、活化保护”的理念，在5月23日特设两场“资源对接会”。邀请来自规划设计、民宿实践、项目运营、内容传播等领域的权威专家和古村镇保护实践者，为吕梁市和参会各方搭建古村镇项目与资金、项目与人才、规划与设计、运营与管理等资源对接、资源共享、合作交流的创新平台。

从新的角度发掘古村镇资源，研究与不同类型古村镇相匹配的盈利模式，解决资源开发界限模糊、文化保护价值争议、居民利益分配分歧、运营主体产权纠纷等问题，探索古村镇保护与开发的可持续发展道路，打造古村镇精品项目，营造发展新环境。

资源对接会现场

后记

第四届古村镇大会在山西省吕梁市碛口古镇成功举办，大会组委会希望会议的精彩内容不仅在古镇呈现，还希望通过整理、凝炼、打磨，以出版物的形式传播给更多读者。基于此，组委会在会后编写了《黄河传统 时代生活 第四届古村镇大会实录》。在梳理演讲精华时，我们见证着一条条模糊的古村镇活化与保护线索蜕变为清晰的脉络，那种喜悦有如在漆黑的山林中发现一片星光，看似枯燥的村落研究闪现了一簇火光。在本实录中，组委会基本按照原貌将会议内容呈现给读者，也对局部版块做了一些调整。具体如下：

开幕式的领导和嘉宾原致辞顺序为：领导致辞（张建国、王立伟、丁纪岗）一大会主席致辞（吴必虎）一嘉宾致辞（葛然·索斯特、励小捷），在图书出版策划时我们将内容和顺序调整为：嘉宾致辞（励小捷、葛然·索斯特、吴必虎）和领导致辞（丁纪岗、王立伟、张建国）。“2019年网友最喜爱的十大古村镇”颁奖之后，大会执行主席罗德胤代表专家组发布了《碛口新宣言》，其内容调整到本书正文开篇位置。中国城镇化促进会城市与乡村统筹发展专业委员会主任李兵弟在主旨演讲环节发表了演讲，但其演讲内容在本书中未收录。在嘉宾演讲的版块，囿于篇幅或版权问题，我们删减了大量精美的案例图片，有的嘉宾在演讲现场还播放了视频，而视频在本书中也无法呈现，这在一定程度上影响了演讲内容的完整传达，在此，组委会向演讲嘉宾和读者致以深深的歉意。

古村镇不只是古村镇，它们早已成长为古朴厚重而又摇曳多姿的文化，塑造着我们的皮肤与血液。感谢所有的演讲嘉宾倾授智慧，相处虽短获益无穷。感谢与会领导、观众以及会务工作的支持单位和人员。在全体参与者的努力与用心下，第四届古村镇大会才得以圆满举办。同时也感谢本书的支持单位吕梁市文化和旅游局、深圳市古村汇文化传播有限公司、《旅游规划与设计》编辑部、中国城市出版社，为了保证图书的出版，各单位都奉献和付出了许多。囿于编者水平，编写也存在疏漏和不妥之处，在此恳请批评指正。